WIZARD

JN241521

新装版

規律とトレーダー

相場心理分析入門

The Disciplined Trader : Developing Winning Attitudes

by Mark Douglas
Paula T. Webb

マーク・ダグラス
ポーラ・T・ウエッブ

関本博英［訳］

Pan Rolling

"The Disciplined Trader -- Developing Winning Attitudes" by Mark Douglas & Paula T. Webb PhD

Japanese translation rights arranged with Paula T. Webb through Tuttle-Mori Agency, Inc., Tokyo

◆目次

謝辞

書物を著すということは極めて難しい仕事であり、それには多くの協力者のサポートが不可欠である。本書を執筆・刊行するときに私を支援してくれた以下の方々に厚くお礼を申し上げたい。まず執筆中に私を温かく見守ってくれた両親（ジョンとヘレン・ヨシン）と兄弟たち（クレイグとディーンとサンディ・ヨシン）、辛抱強く親切にサポートしてくれたトレーディング・ビヘイビアー・ダイナミクス社のパートナーであるブラッド・ジョンソン氏。執筆準備のときにお世話になったジム・サットン、ボニー・マーロー、ジェーク・バーンスタイン、エリザベス・マッキンゼー、マイケル・ヘッドリー、スティーブ・スケニク、ジャック・カールの各氏。六年間にわたり一緒に仕事をしてきたトレーダーのジム・グリスウォルド、ジェリー・ストールネッカー、ジャック・ブラッセル、スティーブ・ビアヌッチ、マイク・ギャンブル、チャック・ペッテットの各氏。スピーカーや著作家として自分の考えを表現する機会を与えてくれたティム・スレーター、親友として支援を惜しまなかったリッチ・ミラー、私の人生を楽しくしてくれたローリとニッキ・マーロー夫妻にも深くお礼を申し上げたい。そしてもちろん、共著者であるポーラ・ウエッブの協力がなければ、この本を著すことはなかった。

マーク・ダグラス

本書を、ミッドアメリカ商品取引所とシカゴ・マーカンタイル取引所で知り合い、もとに働き、付き合ったすべてのトレーダーに捧げる。また、ベーカー・アンド・マッケンジー法律事務所のトーマス・R・ネルソンには、より高いプロ意識への一歩を踏み出す手助けをしてもらい、また父であるコンラッド・ウエッブと母であるトマシーナ・ウエッブにはけっしてあきめてはならないことを教えてもらった。

ポーラ・T・ウエッブ

覚書

本書がトレード業界に初めて登場したのは一九九〇年のことで、当時、多くのトレーダーは「トレード心理学（相場心理学）」という言葉を聞いたことすらなかった。当時、バン・K・タープ博士とともに、トレーダーとして成功し、そのキャリアを維持するために必要なスキルについて、このような深いレベルで必要な情報に取り組んでいたのは、マーク・ダグラスと私しかいなかった。

マーク・ダグラスと私が初めて会ったのは一九八四年一一月、彼が本書の最初の版の執筆を始めたばかりのころだった。すでにご存知の読者もいると思うが、毎日のトレード後、私は彼の手書きのリーガルパッドやレストランのナプキンや二人がアイデアを書き留めたさまざまなメモをコンピューターに取り込み、この本の共同執筆、編集、タイピングを始めた。当時、ダグラスは手書きのほうがタイピングよりもかなり速かったが、私はベテランのタイピストだったので、タイピングはとても速かった。トレードとその指導という関係から始まった二人は、瞬く間に友情と協力関係へと発展し、やがて仕事とプライベートの両面で生涯をともにする恋愛関係へと発展した。

これは多くの人に何度も述べてきたことだが、ダグラスと仕事を始めたその日から、私は彼の物事に対する姿勢にとりこになった。彼は、当時は新しい抽象的な概念を、トレーダーが理解しやすいスキルに統合する魅力的な方法を持っていた。私たちは、以前は何もなかったところから、この新しい「名前のない」分野と一連のメンタルスキルを作り出そうとした。そして今日、トレード心理学は、少なくとも表面的には業界の多くの人々に受け入れられるようになった。ダグラスと私は、私はフロアトレーダー、彼はリテールブローカーというトレード業界内での異なる分野の出身者である。しかし、私たちが共同で執筆を始めた当初から、私たちは互いの執筆スタイルやアプローチを補い合い、世界各地で合同ワークショップを開催し、トレーダーが最も成功できるために支援したいという熱い情熱と誠実さを持っていた。そして、この旅はこれからもずっと続くだろう。

本書では取り上げていないが、トレーダーとして成功するための主要なものの一つは、完璧な人生を送ることである。つまり、トレードにある程度の時間を使いながら、人生のほかの面も充実させることだ。これについては、私のワークショップやコーチングで詳しく説明している。言い換えれば、トレードにあまりに多くの時間を費やしてはならない。トレードに費やす時間が多ければ多いほどよいと考えてはならないのだ。ダグラスと私は、友人、家族、信仰、健康、娯楽、旅行、ペットなど、それぞれが思い思いの生活を送ることで、過酷なトレードへの熱情を和らげることができる。以下のダグラスと私の写真はその一例である。これらは「規律あるトレーダー」になるための一部であるとともに、トレードを含めた人生を最大限に楽しく生きるために本来の自分を見失わないためのものである。このように包括的に自分を考えることで、トレーダーとしてのあなたの人生もより豊かになるだろう。
質問は以下までお気軽にお送りください。

ポーラ・T・ウエッブ（https://paulatwebb.com/）

まえがき

本書は株式トレーダーや先物トレーダーや暗号資産トレーダーとして成功したい人々のために書かれた、自己規律と自己変革に向けた心のあり方に関する包括的なガイドブックである。つまり、相場の世界という非日常的な心のあり方が求められる世界にうまく適応できるように、一歩ずつ慣れていくためのガイドである。私が「適応する」と言うのは、相場の世界に飛び込んでくる多くの人々が、この世界は彼らが育ってきた一般社会とはまったく異なることを理解していないからである。こうした現実を理解しないかぎり、これまでの生活では有効に機能してきた多くの考え方が相場の世界では逆に心のバリアとなり、トレーダーとして成功することを難しくしている。トレーダーとして自分が望むように成功するには、マーケットの動きを認識する方法を（完全にとまではいかなくても）少なくともある程度は変えなければならない。また、本書はマーク・ダグラスとポーラ・ウエッブの共著だが、初版では出版社のミスでポーラ・ウエッブの名前が落ちていたが、現在は修正されている。

今、本書を手に取ったあなたが学ぼうとしているものとは、適応のやり方である。というのも、一般社会とはまったく異なるこの相場の世界で成功するためには、トレーダーの強い自制心と自己信頼が求められるからだ。

しかし、われわれは子供のときに自分よりも力のある人によって行動を抑えられてきた、いわゆる組織化された環境のなかで育ってきたので（その目的は社会の期待に添うように個人の行動をコントロールすることにある）、こうした自制心は持ち合わせていない。われわれは外部の力によって、いわば賞罰システムの下で行動するように強いられてきた。賞とは一定条件を満たしているかぎり自由に自分を表現できること、罰とは自分の欲しいものを自由に得ようとすれば、さまざまな形の精神的な制裁や肉体的な制裁を受けることである。その結果、われわれは自分よりも力がある人や物から、精神的苦痛や肉体的な苦痛を受けるのではないかという恐怖心を持つようになった。われわれはほかの人間に対して力を振るうことはできないので、その当然の結果として一般社会で成功するための伝統的な方法（欲しいものを得るための特別な方法）を育んできた。すなわち、外部の世界を力ずくで変えたり操作する力を持つことが、欲しいものを得るための唯一の方法であるという考えである。

トレーダーが学ぶべきことのひとつは、一般社会で欲しいものを手に入れるときの考え方は、相場の世界ではまったく通用しないということである。マーケットを操作できる（相場を自分の望む方向に持っていく）力は、一握りの人々を除いてだれも持っていない。一般社会で個人の行動をコントロールするような外部の制約などは相場の世界には存在しない。換言すれば、マーケットにはあなたに力を振るったり、行動をコントロールしたり、何らかの期待感を抱かせたり、あなたを幸せにしてやろうなどといった心遣いなどはまったくない。

このようにわれわれはマーケットをコントロールしたり、または操作することができず、マーケットもわれわれに対してそうした力がないとすれば、われわれが考え、それに基づいて行動したことの責任はすべてわれわれ自身にある。自分をコントロールできる唯一のものは自分自身である。あなたはトレーダーとして自分でお金を得ることも、ほかのトレーダーに自分のお金をあげることもできる。そのどちらを選ぶのかは、マーケットとはほとんどあるいはまったく関係のない心のあり方によって決まる。したがって、これまでとはまったく異なる新しいスキルを習得したり、相場の世界に自分を適応させる方法を学ばなければならない。

相場で成功するには、これまでとはまったく違う方法で自分をコントロールする必要がある。また自分の欲しいものをどうしたら手に入れられるのかといった期待感とは関係なく、相場の世界で自分の欲しいものを手に入れるには自由な心の視点を持たなければならない。自分の行動の責任はすべて自分にあるということを知っているトレーダーは少数である。そうした認識の心理的な意味を理解し、それに対してどのように対処すべきかを知っているトレーダーはさらに少ない。

われわれは外部から自分を制限するものが何もなく、自分を自由に創造的に表現できる世界があることなどはまったく知らずに成長してきた。相場の世界では自分で自分のルールを決め、それを順守する規律を養わなければならない。しかし、問題はこの世界にはとどまることのない値動きがあり、われわれが慣れ親しんできた強固に構築されたものなど何もないことである。

したがって、この世界で下す意思決定にもとどまることのない値動きと同じように終わりはない。トレードを休んでもよいし、いつ仕掛けてどのくらい保有するのか、どのようなときに手仕舞うのかなどはまったく自由である。初めも中間も終わりもなく、あるものはただ心で創造するものだけである。

マーケットの意思決定に伴うこのようなしんどい心理的な重しに加えて、たとえ先物でわずか一枚だけを建てたときでも、利益と損失の可能性は無限大であるという現実がある。これを心理的な観点から見ると、各トレードには相場で経済的に独立できるという大きな夢を実現できる可能性もあるし、すべての資金を失うというリスクも存在する。常に変化してやまないこの世界では、リスクに目をつぶったり、今回だけは自分のルールに従うのはやめようと自分に言い聞かせることも簡単である。まさに完全な表現の自由と無限大の損益の可能性が共存する世界である。こうした心理的な状況をまったく知らずにこの世界に足を踏み入れるならば（すなわち、外部からのコントロールや制約、期待などが存在する一般社会と同じ心のあり方で相場に臨むならば）、そこで待ち受けているのは精神的な苦痛と経済的な破綻だけである。

なぜ利益を上げ続けるトレーダーが少ないか、これでお分かりであろう。実際にほとんどのトレーダーはこうした相場の難しさを過小評価し、その反対に期待感だけは大きく膨らませている。その結果、彼らの多くは自分自身に心理的なダメージを与えている。ここで言う「心理的なダメージ」とは、恐怖心を引き起こす心のあり方である。恐怖心とはストレス、不安、混乱、失望、裏切りなど、肉体的苦痛や精神的苦痛を引き起こす外部の世界に対する信念から生じる。精神的な苦痛とは主に期待が満たされないときに起きる。満たされない期待はこうあるべきだと思うその人の信念と、そうした信念に添わない実際の外部世界との間で対立を引き起こす。こうした対立がストレス、不安、混乱などの精神的な苦痛をもたらす。

人々はこうした対立を引き起こす外部の世界の情報に対して、心の防衛策を築くことで本能的にそうした苦痛を避けようとする。それらは外部情報の拒否、合理的な解釈、正当化などであり、いずれも外部からの情報を知覚的に歪曲化することである。「知覚的な歪曲化（perceptual distortion）」というのは、われわれが期待するものと外部の世界が実際に提供するものとの対立を回避するために特定の情報を排除する、すなわち心のシステムが自動的に外部世界の情報を歪めることである。このように、われわれは嫌な情報を排除することによって、自分と外部世界との間で共有された現実を作ろうとする。「共有された現実（shared reality）」とは、外部の世界に対する自分の信念と実際の外部世界が一致するような状況と定義されるだろう。

しかし、マーケットからの情報を歪曲化するならば、マーケットの現実を認識することはできず、それによる失望感から何らかの幻想を抱くことになるだろう。その結果として直面するのは、「強制的な自覚（forced awareness）」とも呼ばれるものである。マーケットが自分の望むような情報を提供してくれなくても（一般にマーケット情報の多くは自分の期待に沿わないものである）、それに対する何らかの対応は求められる。したがって、これまでに形成された自分の思考法とマーケット情報の不一致が続くかぎり、マーケット情報の歪曲化（心の防衛策＝幻想を抱くことによって嫌な情報を回避すること）が行われることになる。

こうした状況の下で、マーケットはそのうちに共有された現実という幻想を打ち砕くことによって、苦痛を伴う強制的な自覚をわれわれに強いる。共通する社会生活を送ってきたわれわれはすべて投資歴のある段階で、自分の望むような将来を心に描き、そうした期待にしがみつくようなやり方でマーケットをコントロールしようとしてきた自分に気づく。こうした強制的な自覚を強いられないためには、ほかの可能性や選択肢にも目が向くように、柔軟な心の視点を養うべきである。われわれはマーケットをコントロールすることはできないが、マーケットに対する心の視点を変えることによって客観的に見ようとすることは可能であり、そうすればマーケットと共有する現実も増えていくだろう。

われわれは強制的な自覚がいかに苦しいものであっても、それによってマーケットが提供するチャンスを放棄することはないだろうが、その累積する心理的な悪影響は極めて大きいものとなる。もしも強制的な自覚というものを何回も経験するならば、マーケットの行動に対するわれわれの見方は、次第に利益の追求から苦痛の回避へとシフトしていくだろう。資金の喪失、トレードミスや機会損失などに対する恐怖心が、われわれの決断や行動に重くのしかかる。それによる悪影響は次のようなものである。まず最初は、恐怖を引き起こすような対象だけに目が向いて利益のチャンスを大きく減らしてしまう。つまり、マーケットが提供する多くの情報のなかでも、自分が最も恐れているような情報だけに目が向いてしまうということである。いわばマーケットが提供する利益のチャンス、ほかの選択肢に関する情報などを自分で意図的に排除していることになる。こうした恐怖心とそれによるマイナスの影響が分かれば、損失を回避しようとする気持ちが実際には損失そのものを招いているという現実に気づくだろう。また、恐怖心はある状況に対するわれわれの反応を大きく制限する。多くのトレーダーは自分の望むものを正確に知ったときに大きく苦しむものだが、実際にそのようなチャンスが到来してもまったく行動できないこともよくある。

形のない相場の世界で成功するには、参入する前に自信と自己信頼を確立しなければならない。それは恐怖心がなく、そのときどきに何をすべきかが分かり、それを躊躇なく実行できる心の状態である。迷いは自己不信と恐怖心を引き起こし、それに見合った不安や混乱も生じる。恐怖と不安、混乱に満ちたマイナスの心を持ってトレードすれば、それまでの不満や無力感にはさらに拍車がかかるだろう。われわれは自分の心の状態を他人の目から隠すことはできるが、自分の目を欺くことはできない。もしもマーケットの行動が不可解に映るならば、それは自分自身の行動が不可解で手に負えなくなっている証拠である。何を望み、何を心で見ていようとも、自分が次に何をすべきかが分からなければ、次にマーケットがどうなるのかを予想できるはずがない。

こうした心の障害を乗り越えて成功した数少ないトレーダーは、以下のような箴言を残している。

●損切りは素早く
●流れに乗れ
●トレンドは友である
●損小利大
●マーケットを知る前に自分自身を知れ

本書はこうした相場に臨むトレーダーの心の問題を分析し、その克服策を一歩ずつ学べるようにまとめたものである（つまり、相場の世界で成功するために必要な条件をステップを追って説明している）。本書ではそのために必要なスキルとその理由、そして特に重要なそうしたスキルの習得法についても詳述した。とはいえ、覚書でウエッブが書いたように、成功するトレーダーになるためには、充実した人生を送らなければならないことを肝に銘じておいてほしい。本書は、客観的な視点から相場の動きを観察し、自分の思考法のどこを見直す必要があるかを知ることができるようになっている。有効的で、かつ心理的にも健全なやり方で、あなたを悩ます心理的な問題の解決方法を確立すれば、あなたにとってネックになっていた心の問題をより深く理解できるだろう。なお、今日のトレード環境に必要な考え方を身につけるためのコーチングやワークショップについての情報はポーラ・ウエッブに問い合わせほしい。

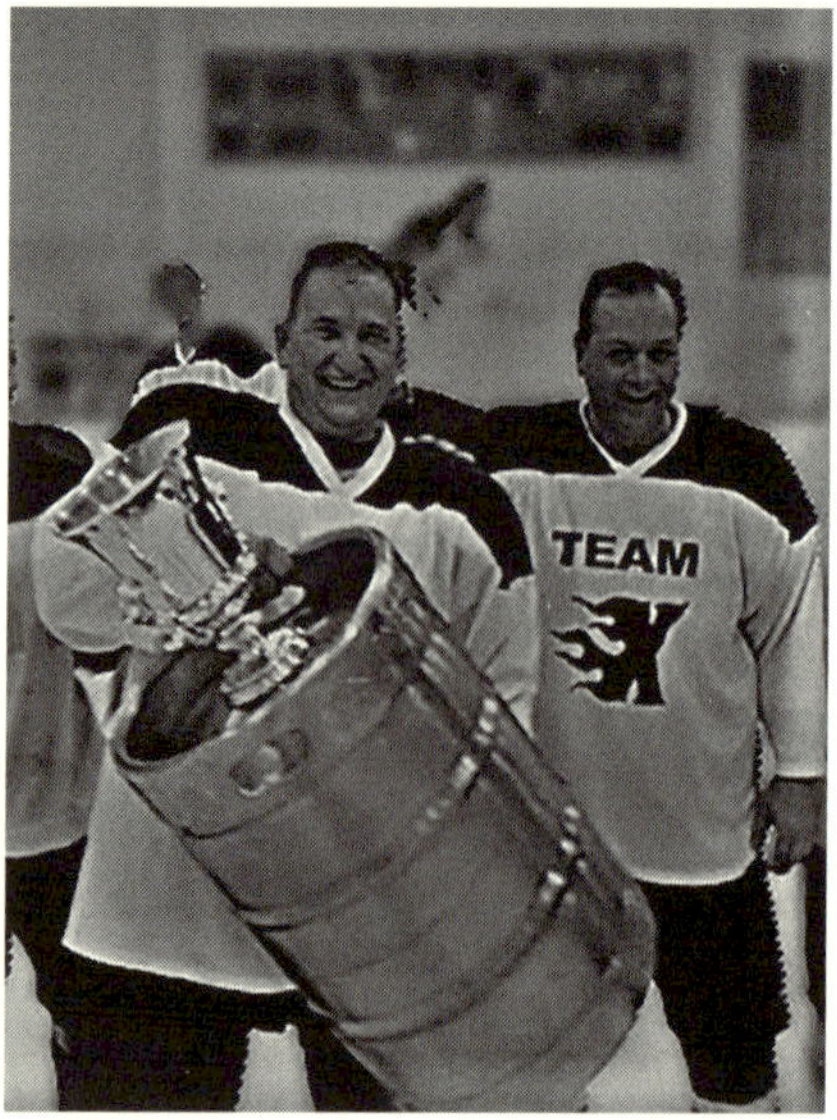
TEAM

はじめに

　証券界ではユニークな立場にある私は、一九七九年から何千人ものトレーダーや証券ブローカー、トレーディングアドバイザーなどと話をするチャンスに恵まれた。私は証券ブローカーやレターのライターではなく、株式や先物トレーダーにテクニカル分析情報を提供するコンピュトラック・ソフトウエア（同社は一九八五年にテレレート社に、一九八九年にダウ・ジョーンズ社に買収された）という会社のＣＥＯ（最高経営責任者）である。私は自分の立場を中立だと考えているので、人々は気兼ねすることなく私に自分の胸の内を明かしてくれるのであろう。私は一九六〇年に自己資金でトレードを始めたが、成功するトレードとマネーマネジメントを根本的に妨げている心理的な障害にすぐに気づいた。例えば、もしもあなたがファンダメンタルズ分析やテクニカル分析の月並みの知識しかなくても、自分の心をコントロールできるならば、利益を上げられるだろう。

　その反対に、検証（バックテスト）では長期にわたって素晴らしいパフォーマンスを上げるトレーディングシステムを持っていても、自分の心をコントロールできなければ、大きな損失に泣くことになるだろう。優れたトレーダーは自らの経験から、長期的には勝ちトレードよりも負けトレードのほうが多いことを知っている。しかし、マネーマネジメントと適切なストップ（損失の拡大を防ぐ逆指値注文）によるリスク回避策をうまく使えば、損失を小さく抑えながら上げ相場では大きな利益を上げられるだろう。ここで言うマネーマネジメントとは、基本的には心とリスクのマネジメントを指す。

私は特に新規参入しようとするトレーダーに対して、相場に臨む自分のモチベーションを慎重に分析しなさいと忠告する。それをしないでアクティブにトレードすれば、マーケットの重圧という厳しい現実に直面するだろう。ゆっくりとトレードを始め、すべてのトレード結果を振り返りなさい。相場に対する自分のモチベーションとは何か、トレードをどのようにマネジメントするのか、トレードがうまくいったときはその勝因は何か、逆に損失になったときはなぜ失敗したのかを自問しなさい。そして次のトレードに臨む前に、これまでのトレード結果を分析し、それに関する自分のコメントを記録しておきなさい。

あなたの資金を吹き飛ばし、あなたの利益を奪う忌々しい死神は、ミステリアスなどこにでもいるような「だれか」ではなく、ただ単に間違った考えをしている「あなた」なのだ。自分のトレード授業料があまりにも高くついたからである。ページをめくるたびに、まさに自分のことを言っていると思って読み進んだものだ。マーク・ダグラスとポーラ・ウエッブは本当に読者に向かって、論理的ながら優しく話しかけているように本書を書いてくれた。この本を読んでいると、彼が私のかたわらで友だちのように説明しているような錯覚に陥る。それほどまでに楽しいのである。重大なトレードミスを犯す前に本書を読まれる皆さんはラッキーである。

どうか自分自身を知り、トレーディングスキルを磨いてください。時間をかけて自分で考えながら実践に臨むトレーダーは、必ずや相場の世界で生き残り、大きな成功を収めるだろう。

ティモシー・スレーター・コンピュトラック・ソフトウエア社社長

第1部

序文

第1章

なぜ本書を執筆したのか

一九八四年に本書を執筆し始めてから、先物取引のほぼあらゆる面で大きな進展が見られた。新しい取引所・商品・ニュースサービス、多様な専門書や刊行物、（コンピューターによってリアルタイムにマーケットをフォローする）高度なテクニカル取引システムなどが出現した。しかし、こうしたトレーディングサービスの大きな発展にもかかわらず、ほとんど変わっていないひとつの事実がある。それはマーケットから大きな利益を得るのは数少ない一部の高度なトレーダーだけであり、残りの九〇％以上のトレーダーは毎年損失を出していることである。

先物取引ではあるトレーダーが一ドルの利益を上げれば、別のトレーダーはそれと同じ金額の損失を出している。一部のトレーダーが一貫して大きな利益を上げ続ける裏では、ほかの多くのトレーダーが少数の勝ち組トレーダーに利益を与えている。言うまでもなく、すべての負け組トレーダーはそうした成功しているトレーダーのやり方やトレード手法を知りたいと思っている。これら少数の勝ち組と大多数の負け組トレーダーの間には大きな違いがある。それは一貫して利益を上げている勝ち組トレーダーは、心の規律というものをトレードの中心に据えて相場に臨んでいることである。彼らに成功の秘訣を尋ねると、その口からは一様に利益が累積し始めたのは自己規律、心のコントロール、相場の流れに乗るように心を切り替えることを学んだ結果という答えが返ってくる。

まず第一に、こうしたことはすべてマーケットのニュースやその他のサービス、新しい取引所、コンピューターによるテクニカル分析またはファンダメンタルズ分析などとは関係のない心理的な問題である。二番目には私自身のトレード経験をはじめ、ほかのトレーダーの間接的な経験を観察した結果、（勝ち組と負け組を含む）すべてのトレーダーは何らかの共通な経験を持っていることが分かった。それはトレードを始めた直後、またはトレードを始めてしばらくたったころに、混乱、欲求不満、不安、失敗の苦しみなどを経験していることである。こうした苦い経験を克服して利益を累積させた数少ないトレーダーとは、非常に難しい心の問題に直面しながらもそれを乗り越えた人であり、最も優れたトレーダーでさえもそうした自己規律と自己変革を成し遂げるには数年を要している。

トレードで成功するカギがそうした自己規律と心のコントロールにあるとしても、われわれは生まれながらにしてそうした習性を持ち合わせているわけではなく、いわば心のスキルをレベルアップして習得していくものである。一般にそのプロセスは試行錯誤の連続であり、経済的負担もけっして小さいものではなく、精神的な苦痛や苦しみにも満ちている。そのときの最大の問題は、多くの人々がこの試練を乗り越えるまでにすべての資金を失ってしまうことである。ラッキーにもそうはならなかったトレーダーでさえも、一貫して利益を上げる方法を習得するプロセスで受けた心のトラウマから今でも完全に回復できないケースもある。こうした苦しいプロセスを克服できるのはごく少数のトレーダーだけである。

過去と現在を通して優れたトレーダーであっても、自分のしていることとそのトレード手法、一貫して利益を出すまでに要した期間などをほかの人に説明するのはかなり難しい。多くのトレーダーはマーケットやその行動について共通した知識を持っているが、それぞれのトレーダーの行動にはまったく共通性がない。優れたトレーダーはその知恵を知りたいと思う一般トレーダーに対して、いわゆる自己規律と心のコントロールを学ばないかぎり、マーケットの知識はあまり役に立たないと語るが、それを具体的に説明することはできない。

例えば、「損切りは小さく」という有名な投資アドバイスがあるが、その具体的な方法をほかの人に説明することは難しい。変化してやまないマーケットではいつでも損失を取り戻すチャンスがあるのに、含み損が出たからといって直ちに損切りしなさいと言えるだろうか。そうしたトレーダーの資金と自尊心は危うくなってはいるが、価格が買値まで戻るチャンスが残されているときに（しかし、通常ではそうした可能性はあまりない）、なぜ損切りしなければならないのかを説明するのは難しい。そしてそのトレーダー特有の心理的な気質に見合った方法で損切りの必要性を説明するのはさらに困難である。

その結果、こうした投資アドバイスをほかの人にするときは、以下のような説明になってしまう。

「そうですね、もしもあなたがトレーダーとして成功したいのであれば、自己規律と心のコントロールを学ぶことですね」
――ポーラ・ウエッブ

こうした曖昧なアドバイスになってしまうのは、主に次の二つの理由からである。まず第一に、自己規律や心のコントロールという言葉は抽象的な概念であり、簡単に説明したり理解できないこと。こうした言葉はよく聞くが、友人などにその意味を定義してくれと頼んでも嫌な顔をされるだけだろう。

二番目の理由は、成功しているトレーダーは地図や道しるべ、ガイドなど何もない状態で投資の旅を始め、ようやく自分の目的地を正確に知ることができるようになった（利益を累積できるようになった）ことである。彼らは大変な時間と労力をかけ、自己反省と試行錯誤を通して相場の世界をさまよい、度重なるトレードミスに泣いたり、経済的・精神的にも大きな苦しみを経験してきた。そうしたプロセスのある時点で、おそらく彼らは自分のなかで何かが変化したことに気づいたはずである。すなわち、それまで心理的に大きなマイナスのインパクト（怒り、ストレス、不安、恐怖など）を及ぼしてきたいつものマーケットの行動が、もはや同じ悪影響を及ぼさなくなったのである。この時点で彼らは自分にある程度の自信を持てるようになった、つまりマーケットの動きに適切に対応できるようになったに違いない。というのは、自信の程度とそうしたマイナスの感情との間には反比例の関係があるからである。自信と恐怖は（程度の差はあるが）いずれも同じ心の状態である。自信がつくに従って、それと反比例して心の混乱や不安、恐怖は軽減する。自分を信頼して必要なことが迷わずできるようになると、自然と自信もついてくる。自己信頼が高まれば、マーケットの予想できない不規則な行動も恐れることはなくなる。マーケットやトレーディングツールは何も変わっておらず、変わったのはトレーダーの心のあり方なのである。

トレーダーが個人的な成長という自己変革を成し遂げ、試行錯誤しながらも新しいトレーディングスキルを習得したとしても、とりわけその道のりが苦痛や不安、欲求不満などに満ちていれば、そのプロセスの一部始終を記録しておくことはないだろう。今のレベルのトレーディングスキルをどのようにして習得したのかを正確に覚えていなければ、それをほかの人に説明することはできない。また成功を成し遂げたトレーダーがその方法を知りたがっているほかの人々に、多くの時間とエネルギーを使ってそのプロセスを説明する気にはならないだろう。成功するトレーダーになる方法の教育プログラムを作成する能力と、成功するトレーダーにとって必要なスキルを習得する能力はまったく別物である。その違いは一方は選択できるものであり、もう一方は選択肢のない必須の条件、いわゆる強制的なものである。

私が「強制的」と言ったのは、相場の世界で生き残りをかけて正しい心のあり方を学ぶために、私は自宅、車、ほとんどの所有物を失わなければならなかったからである。すべての財産を失うということは人生が一変する経験であり、それは恐怖心がトレードに及ぼす影響を身をもって学んだ経験だった。一方、ウエッブはミッドアメリカ商品取引所副社長のエグゼクティブアシスタントとして同取引所の運営に携わったあと、トレーディングフロアの電話係として働きながらトレードを学んだ。数年にわたって、最高のフロアトレーダーたちから、また最低のフロアトレーダーたちから、トレードのやり方を学んだ。

こうした経験を通して学んだことは、いわば「強制的な自覚」ともいうべきものである。私が身を置いた相場の世界とは、自分の無知が失敗を招くと考えていた世界とはまったく違うものだった。私は一部のマーケット情報を入れないように心の防衛策を築いていたが、最後にはマーケットによって強制的に自分自身のことを知らされた。すなわち、自分のアイデンティティーの多くを占めていた外部要素はすべて取り払われ、私はまったく異なった視点から自分を見つめ直さなければならなかった。

それは一九八二年三月のことだった。その当時、私はCBOT（シカゴ商品取引所）のメリルリンチ・コモディティーズのAE（アカウントエグゼクティブ）をしていた。私は九カ月前の一九八一年六月に、少なくとも経済的には商業用損害保険業で大きな成功を収めていたデトロイト郊外の居住地から当地（シカゴ）に引っ越してきたばかりだった。その目的はトレーダーとして成功することだった。私はＣＢＯＴやＣＭＥ（シカゴ・マーカンタイル取引所）の会員権を取得するだけのお金がなく、また会員権をリースできることも知らなかったので、メリルリンチで働くことにした。

私はゴールドコースト（シカゴの高級住宅地）の高価なアパートに住み、ポルシェに乗っていた。ガールフレンドとその二人の娘が住むデトロイト郊外の高価な住居も所有し、彼女らと会うためにほぼ毎週のようにこの二つの都市を往復した。自分の生活費と彼女らの扶養費は給与水準をはるかに超えていたので、トレーダーとして何としても成功しなければならないという大きな経済的なプレッシャーを感じていた。トレーダーとして大きな成功を収めないと、これまでの重大な決定と努力は水泡に帰してしまう。

シカゴに来るまでに、私には実は二年以上にわたるトレードの経験があった。二回のトレードでほぼすべての資金を失ったが、もちろんその後に貯蓄に励んでトレードを再開していた。トレードでの成功期間は短く、また勝ちトレードは少なかったが、それでもトレードをやめようとは思わなかった。一回のトレードで二五万ドル以上を儲けるチャンスもあったが、その大きな波に乗る前にポジションを手仕舞ってしまった。これには本当にがっかりしたが、それでもトレードへの情熱を燃やし続け、以前にも増してトレーダーとして成功しようという決意を新たにした。その経験を機に私は参考になるような書籍はすべて購入し、またできるかぎり多くの投資セミナーに参加しようと決心した。

私が読んだほぼすべての本には、もしもあなたが大きな経済的プレッシャーのなかにあるならば、トレードで成功することはかなり難しいと書いてあった。つまり、限られた資金しかなく、余裕資金でトレードしなければ、トレーダーとして成功することはできないということである。絶対に失うことのできない生活資金しか残されていない私は、この成功のルールのどちらにも違反していた。そのうえ、自分にはまったく勝算のないことを裏付けるその他の証拠が山ほどあった。

私がシカゴに来たのは、トレードで成功する方法を知っている人々からその秘訣を学びたいと思ったからである。私が勤めていたメリルリンチ・コモディティーズは全米第二位の大手商品取引会社で、三八人のAEがいた。当初私は自己資金によるトレード経験者のAEが一人しかいないことに大きなショックを受けた。そしてこれらAEのだれも自分の顧客に儲けさせていないことを知ってもう一度ショックを受けた。実際、彼らの多くの顧客は平均して四カ月もしないうちに当初の資金を失っていたのである。

次に大きなショックを受けたのは、フロアトレーダー（自己勘定でトレードする取引所の会員）たちと友だちになり始めたころ、AEではトレードで儲けられないだろうが、フロアトレーダーであれば儲ける方法を知っているだろうと思ったが、そうでないことが分かったときである。彼らもメリルリンチのAEと同じ状況だった。多くの人々から一目置かれている一握りのフロアトレーダーを除いて、一貫して利益を上げているフロアトレーダーはひとりもいなかった。彼らも自分でトレードする前にまずは周りの人々のアドバイスを聞いて自分を納得させるなどしており、自分のしたいことを迷わずに実行している人はいなかった。彼らの多くは一日のある時点では利益を出しても、コンスタントに利益を上げ続けることができなかった。トレード開始から数時間で二〇〇〇～三〇〇〇ドルの利益を上げるトレーダーも少なくなかったが、その直後に決まってそれ以上のお金を持って行かれるのである。

ほとんどのトレーダーはだれも問題にはしないようなこうしたミスを頻繁に犯している。明らかにマーケットの性質からいって、こうしたミスを大きな問題としてとらえるのは難しい。次回のトレードは前回のトレードとは何の関係もないと思われるからである。次のトレードで大きな利益を出せる可能性があるならば、前回のトレード結果をくよくよと思い悩む必要などあるのだろうか。私を含むすべてのトレーダーは、こうした一発屋の考え方から抜け出すことができない。実際に私もこうした考え方の傾向が強かったので、多くのトレードで五〇〇～七五〇ドルの含み益が出ても、ほどほどの儲けかなと思いつつも利益を確定することがなかった。本当にバカげていると思われるが、その当時は自分が必要としたり、または期待する利益に比べて、マーケットはこんなしみったれた利益しかもたらしてくれず、俺をバカにしているのかと考えていたのである。

経済問題が深刻になるにつれて、私の焦りはさらに深まっていった。もはや自分の周りで起きていることを正常には見られなくなった。それでもトレードでこうした困難から脱出できるという信念を変えることはなかった。しかし、一九八二年三月にはすべてが終わった。トレードで経済的な独立を果たすという夢を抱いてシカゴに移ってきてわずか八カ月、私は仕事、アパート、衣服、テレビ、ベッドを除いてすべてを失った。ほぼ一晩で自分のアイデンティティーを形成していたすべての構成要素がなくなった。すなわち、自己イメージの多くを占めていた所有物（住居や車、そしてとりわけ信用）が吹き飛んでしまった。無傷の信用は私の大きな誇りだったが、今ではそれすらもなくなってしまった。既述したように、こうしたことが起こる証拠はたくさんあったが、それらと正面から向き合いたくないというもうひとりの自分がいた。自分の周りで起こるすべてのことにそれを正当化する口実を探していたのである。

相反するすべての外部情報と向き合い、その意味を考えることを拒否すれば、大きなストレスを引き起こす。状況をさらに悪化したのは、すべてを失うのではないかという大きな恐怖心だった。あらゆる手段を尽くしてそうした恐怖心を抑え、それを感じないように心の奥底に閉じ込めようとした。しかし、危機が差し迫っていることはうすうす感じていた。恐怖心で心はボロボロになっていた。すべてのものを失うという心のアンバランスを立て直す手だてがないときに、どのようにこのような状況に向き合えるのだろうか。心のアンバランスとは、自分自身に対する信念と実際の状況の不一致である。そうした信念がすべて崩れてしまった自分とは一体何なのか。それに気づくにはそれほど時間はかからなかった。経済危機が破局寸前にまで来たとき、心の防衛策も崩れ始めた。最後には破局という現実を受け入れざるを得なくなり、私は関係当局に自己破産を申請した。

こうした経験を通じて、私の内部では多くのものが変化した。人生でこうした深刻な事態に直面した人の例に漏れず、私も自分自身について多くのことを知った。本当に驚いたのは、それまでのストレスがなくなったことである。期待したり恐れたり、または必死になって守ろうとするものがなくなったとき、人間は大きな安堵感を感じる。大きな恐怖心を抱いて生活してきたが、実際にはそうした状況は存在していなかったことが分かった。現実は自分が考えていたほど悪いものではなかった。まだ生きているし、健康だし、考えたり行動することもできる。そして考える能力は自分の最大の財産だと認識するようになった。

次第に人間のアイデンティティーを形成する基本的な要素とは何かという、より深い次元の問題について考えるようになった。私はこれまで人間のアイデンティティーとはその人の所有物で形成されていると考えていた。所有物が多いほど、その人のアイデンティティーは大きいと信じていた。しかし、人間とはそうした所有物の総体以上の存在ではないかと考えるようになった。外見の物を次々とそぎ落としていくと、次第にこうした深い次元の自分が見えてくるようになった。こうした新しい自覚が生まれてくると、ミスを犯したり何かを失っても、それによって人間としての自分の価値が損なわれることはないと思えるようになった。ミスを犯す自分を許す余裕が生まれ、そうした苦い経験から何か有益で積極的なものが学べるならば、それは失敗ではないのではないかと思い始めた。

　しかし、こうした私の個人的な経験はひとつの点でほかの人々の失敗経験と異なっていたので、ほかの人と自分の状況とを比較するようなことはしなかった。すべての財産を失った数多くのトレーダーも私と同じように自分自身を知ることができても、経済的な理由からトレーダーとして再起できる可能性は低かった。私も自分のお金でトレードを再開することはできなかったが、まだメリルリンチの仕事は失っていなかった。この仕事は自分の個人的な経済事情の影響はまったく受けておらず、自分が自己破産したことを顧客や会社の同僚などには話さなかった。ＡＥの仕事は私に残された数少ない財産のひとつであり、自分のやり方次第ではこれからもトレーダーとして生き残れる可能性は残されていた。

　こうした状況が私と破産したほかのトレーダーとの根本的な違いであり、のちに本書を執筆しようという動機になった。トレードを続けられる自分は本当にラッキーだった（もちろん、自分のお金ではないが）。このように心理的に大きな自己変革を遂げた私は、内なる心の世界が外部の世界で自分が経験することに大きな影響を及ぼすことを多角的に分析できるというユニークな立場に立つことができた。心の世界と外部の世界のこうした相関関係は必ずしもはっきりしたものではないが、私の置かれた状況下では明らかに緊密な関係が存在する。マーケットはトレーダーに対していつでも利益のチャンスを与えているが、そうしたチャンスは基本的には常に変動しているマーケットにある。そしてマーケットとはわれわれが一般社会に存在するいろいろな制約に妨げられないで、自由に自分の望む結果を出せる世界である。こうした無限のチャンスを提供しているマーケットとは、トレーダーの心のあり方を一〇〇%反映したものである。マーケットはトレーダーが値動きのなかに何を見るのか、それについてどのような行動をするのかについて口を出すようなことはない。どのような情報に目を向けるのかという選択肢と行動力はすべてトレーダーの心のなかにある。もしも私がマーケットを恐怖心を持って眺め、私の懐からお金を奪うものと考えたとしても、実際に私をおびえさせているのはマーケットという外部の世界ではない。マーケットに対する私の恐怖心とは、自分の利益に最もかなうような方法で値動きを予想したり、行動したりすることのできない自分の能力のなさを反映している。

私は何としても損失を回避しようと心に決め、死に物狂いで努力してきたが、実際にはそうした心のあり方そのものが損失を生み出していることが分かった。私たちはだれも外部の世界で起こっているすべてのことを認識する心のシステムは持ち合わせていない。

「存在するすべての情報のなかから私たちが注意を向ける情報とは、自分にとって最も重要な情報であり、それがあなたの相場観を生み出すことになる」　――ポーラ・ウエッブ

心の優先順位に従って一部の情報だけに注意を振り向ければ、必然的にその他の情報は認識の範囲から除外することになる。これをトレードに当てはめると、損失を回避しようとすれば

するほど、それとは逆の結果を引き起こすことになる。

私は利益のチャンスを提供しているマーケットの情報ではなく、自分が最も恐れていたものを引き寄せるような情報に目を向けていた。その結果、ほかの可能性やチャンスを提供している多くのマーケット情報がまったく見えず、私を素通りしていった。そうしたチャンスをとらえる唯一の方法は、今マーケットで起きていることから自分の注意をそらす要因を取り除くことである。損失やトレードミスに対する自分の信念が変化して初めて、私はチャンスを取り逃すことの本当の意味が分かった。つまり、心の視点が変わって初めて、今までまったく気づかなかったマーケットの行動やその性質が見えるようになった。

私はすべてを失っていたので、もはや恐れるものは何もなかった。その結果、偶然にも成功するトレーダーになるための最も重要な条件のひとつ、すなわちマイナスの心（罪悪感、怒り、恥、自虐心など）を持たないで、損失を「受け入れる」方法を学んだ。損失に対する恐怖心がなくなり、いわば生まれ変わった私はこれまでとは違う視点でマーケットを見たり、その行動を経験できるようになった。それはあたかも、今まで気づかなかった目隠しをだれかが外してくれたような気分だった。それまでの私はいつも恐怖心でいっぱいであり、恐怖心のないトレードなどは考えられなかった。

私のこうした恐怖心が、トレードとマネーマネジメントに関する大切なルールの順守を妨げていた。こうしたルールを順守すればするほど、自分をますます信頼できるようになった。そして自己信頼が高まるほどマーケットの行動が読めるようになり、マーケットに関する新しい知識が増えていった。マーケットに対するこうした新しい心のあり方は、相場の流れに乗るというスキルにプラスの影響を及ぼすようになった。ミスを恐れなくなるとポジションを変えることもそれほど難しくなくなり、また早めの損切りもできるようになり、次のチャンスを待つ心のゆとりもできてきた。

一九八二年六月までに、私は自分を信頼してくれた顧客のために一貫して利益を上げられるようになった。多くのトレーダーの基準から見るとそれほど大きな金額ではないが、それでもコンスタントに利益を上げられるようになった。同年八月に私は自分が身をもって経験したことを多くのトレーダーに伝えようと本を執筆、あるいは少なくともセミナーは開催しようと思った。一九八四年にウエッブに知り合うまで、私は文章を書くのが苦手で、どうやってそれらを始めてよいか分からなかった。しかし、彼女は書くことが好きで、大学では創作科やディベートで優秀な成績を収めていた。そういう幸運に恵まれて、彼女と出会ってからこの本の構想が形になり始めた。当時、だれからも見向きもされなかったこの分野は市場すらなかった。ウエッブと私が「トレード心理学」と名づけたものを扱った書籍は一冊もなかったし、ましてや、成功しにくい理由をきちんと説明できるような深い洞察もなかった。また、この分野の資料ですらまったくなかったし、トレードで成功するのはなぜ難しいのかということを効果的に理解させるような教材・書籍、特にトレードに臨む心のあり方について深いレベルで論じた資料は皆無だった。私は、自分の信じることはトレーダーとして利益を累積するための絶対条件であると思っている。それに必要な心のスキルを習得するために、一歩ずつ体系的にその方法を学べるように本書を執筆した。しかし、このアプローチを効果的に進めるには、その前にまず新しい考え方を学ばなければならない。

第2章　なぜ新しい考え方が必要なのか

この章の目的は、一般社会で成功するための考え方や価値観、信念といったものが相場の世界では何の役にも立たず、この世界で成功する方法とはまったく異なることを示すことにある。一般社会と同じ考え方で相場の世界で欲しいものを得ようとする人々は、常に欲求不満や不安、恐怖心などを抱き、何が間違っているのだろうかといった疑念にとらわれるだろう。一見するとトレードはとても簡単なように見えるが、多くの人々にとって実は最も難しい試みである。成功は目の前にあるように見えながら、手の平からするりと逃れてしまう。こうした欲求不満はトレーダーが新しい考え方を学び、マーケットに適用するまで解消することはない。すなわち、これまで育ってきた文化的・社会的生活における考え方はこの世界では通用せず、まったく新しい視点を身につけるまで心の悩みは解決しないということである。

多くの読者は、約七メートルにわたる焼け石の上を裸足で歩く方法を教えますといったセミナーについて聞いたことがあるだろう。そのセミナーの先生によれば、ほかの人ができない特殊な考え方を習得すればだれでもできるという。

「特殊な技をマスターする人としない人のただひとつの違いは、ほかの人と異なる考え方ができるかどうかである」

――ポーラ・ウエッブ

私が思うに、そうした特殊技のプログラムを開発したアメリカ人が南太平洋に行き、やけどをしないで焼け石の上を歩ける能力を持つ人を見つけだせば、アメリカで教えていたその方法をそこでも伝授できるだろう。

もっとも、ここで裸足で焼け石の上を歩く能力の肉体的な条件や精神的な条件を詳述するつもりはない。そんなことを考えただけでもゾッとするし、普通の人がそんなことをすれば大やけどを負って身体障害者になってしまうだろう。しかし、テレビや新聞などの報道によれば、そうしたセミナーに参加して恐怖心を克服し、七メートルにわたる焼け石の上を歩く離れ業をマスターした人は少なくないという。もっとも、私がここで言わんとしているのは、従来の考え方を変えるのはそれほど簡単ではないということである。トレーダーとして成功するための新しい考え方を身につけるには、骨の髄にまで染み込んでいる従来の考え方（信念）を疑問視することからスタートすべきである。それまでのトレードの失敗を成功に転じるためには心の大掃除が必要である。

手始めに、「もしあれは本当なのでは」と自問自答してしまう情報に接せることは、どの分野であれ、従来の考えをリセットさせる第一歩となる。これは、勝者になりたい、勝者であり続けたいと願うトレーダーにとっては極めて重要なことである。

これについては第2部で詳しく述べるが、特にトレードの初心者にとって相場の世界が自分の育ってきた環境とはまったく異なることを理解するのはそれほど簡単ではない。マーケットとは常に変化している形のない世界であり、一回のトレードには無限大の利益と損失の可能性がある。そうした世界と向き合うトレーダーの心理的なインパクトは相当なものである。とりわけ、その人が大きな制約や厳しいルールの敷かれた社会生活を送ってきて、物事とは基本的にそのようなものだと思っている場合はなおさらである。多くの人々にとって、静的な環境は基本的に安心感と幸福を感じる。

しかし、マーケットは絶えざる変化というものに慣れていないトレーダーにいろいろな情報を突き付けてくるだけでなく、激しい競争心やストレスなども押しつける。数百万ドルは儲けたいという期待が膨らむ一方で、無一文になる恐怖からも逃れることはできない。このようにマーケットはトレーダーに対して、経済的な独立という大きな夢のチャンスを与える一方で、すべての財産を奪ってしまうというリスクにも直面させる。相場の世界では一般社会で当然と考えられている労働観や努力、それに対する報酬の原則はまったく通用しない。例えば、多くの職業では時間給や年俸などの形で一定の報酬が保証されているが、トレーダーは大きな努力をしたからといって必ずしも報われるわけではなく、努力した時間とその報酬とは何の関係もない。わずか数秒の決断が大きな利益をもたらすことも珍しいことではなく、そのときに費やされたエネルギーはメンタルなものだけである。

あなたはトレードを始めたころ、わずか数秒、または数分で大きな利益を手にすると、何か罪悪感のようなものを感じた経験があるだろう。気づいているかどうかは分からないが、われわれの多くはお金を得るにはそれに値する仕事をしなければならないという固定観念を植え付けられて育ってきた。事実、多くの人々は親からのしつけや宗教の教えなどから、働かないでお金を得ることは悪いことだと信じている。肉体的な努力をしないでわずかな時間で大きなお金を儲けることは、額に汗してお金を得るという世間一般の労働観とはまったく相いれない。多くの人々がこうした考え方から抜け出せないときに、従来の労働観とトレードによる利益獲得法をどのように調和させたらよいのだろうか。こうした心の葛藤を調和させるには何か素晴らしい考え方を見つけるべきなのか、それとも儲けたお金をマーケットに返してやるという一般トレーダーのやり方を繰り返していくべきなのか。

多くの一般トレーダーが犯すトレードミスとは、実はこうした自分の育ってきた文化と相場の世界との相違点を調和できないこと、またはそうした違いが存在することに気づかないことを反映している。しかし、これまでの考え方を変えれば、マーケットの行動を再定義して理解できるようになり、多くのトレードミスも避けられるようになるだろう。また、マーケットの行動に対する心のあり方もうまくマネジメントすることができるだろう。

トレードで成功できないのは習慣的な考え方が原因

一瞬の決断が勝敗を決める相場の世界において、今のマーケットの出来事を過去の状況と比較する時間はない。おそらくあなたはこれまでと同じように行動し、相変わらず同じような苦い経験を繰り返していることには気づかないだろう。なぜなら、多くのトレーダーはトレード中に自分の考えや信念に注意を払わないからである。今の状況は一瞬のことなので、自分が同じ行動を繰り返していることが分からないのである。実際には損失につながるような行動には共通の特徴があり、それが分かれば同じミスを何度も犯したり、時間的なロスも防ぐことができるのに。従来の考え方を変えれば回避できる主なトレードミスには、次のようなものがある。


一．損切りができない。

二．勝算が極めて小さくなったことがはっきりしているのに、ポジションを手仕舞いできない。

三．相場のトレンドを固定的な考えや信念を通して見ている。換言すれば、自分の期待感でマーケットをコントロールしようとしている（すなわち、「間違っているのはマーケットである」など）。

四．マーケットは自らの論理と原則に従って動いていることが分からず、自分の都合や目標額などに基づいて相場を解釈する。

五．マーケットで失ったお金はマーケットから取り戻すといったリベンジ的な考えのトレードをする。

六．マーケットのトレンドが明らかに変わったことに気づいても、ポジションをドテンしない。

七．トレーディングシステムのルールを順守しない。

八．出動の準備をしていても、いざそのときになると出動をためらい、せっかくのチャンスを逃してしまう。

九．直観に基づく行動をバカにする。

一〇．それまでコンスタントに利益を上げてきても、その後わずか一～二回のトレードでそれまでの儲けをすべて吐き出すといったパターンを繰り返している。

習得すべきスキル

トレードのようなメンタルな性質のものや水泳のような肉体的なスポーツなどを問わず、どのような分野でも勝ち残るためにはそれなりのスキルが必要である。こうしたスキルはこれまで慣れ親しんできた、または繰り返し教えられてきた物の考え方とはまったく異なる視点で物事を見、考え、そして行動するうえで不可欠の要件である。しかし、だれでもマスターできる行動のマニュアルとは別に、ほかの人をしのぐためには特別な考え方や戦略を学ぶ必要がある。どのようなスキルでもそれをマスターするには一連のプロセスをたどらなければならず、そのベースとなるのはメンタルな性質のものである。例えば、トレーディングスキルにはよくあるトレードミスを犯す前に防止することなども含まれており、その他のスキルやテクニックには次のようなものがある。


一．自分が恐れていることではなく、自分の望むものにプラス思考を集中できるような目標実現のパターンを習得する。

二．トレーダーとして成長するために必要なスキルを学び、その向上に意識を集中する。それによって得られる利益はそのスキルの単なる副産物にすぎない。

三．マーケットの基本的な変化に素早く対応できるような適応能力を身につける。

四．どこまでリスクをとれるのかといった自分のリスク許容度をはっきりさせ、マーケットの行動を客観的に見る能力に合わせてリスク許容度も拡大していく。

五．チャンスを素早くとらえられるようなトレード手法を習得する。

六．自分の期待や都合に基づく目標額ではなく、マーケットが決める目標額を読み取れるようにする。

七．マーケットの次の動きを予想できる考え方を習得する。
八．物事を客観的に見る視点を養う。
九．直観によってマーケット情報を識別し、それに基づいて行動する方法を学ぶ。

トレーディングシステムとの相違点

トレーディングシステムはマーケットの行動を明確にし、それらの数量化・分類も行う。マーケットはトレーダーに対して利益とリスクを含む無限大の行動の組み合わせを提示するので、われわれの頭は大きく混乱してしまう。トレーディングシステムはこうしたマーケットの行動の範囲を限定し、その動きを少し理解しやすいものにしてくれる。さらに特定の状況下ではどのように対処すべきかについて何らかの指示や手掛かりを与えてくれる。トレーディングシステムのないトレーダーとは、陸の見えない果てしない海上で、当てもなく漂流している人のようなものである。

このようにトレーディングシステムはトレードのチャンスやヒントを提示してくれるので、そうした指示が単にトレーダーの注意を促す程度のものであっても、それを参考にすればトレードのスキルは上達していくだろう。真のスキルとは行動の方向を決めるだけでなく、トレーダーの自覚を促すものでもある。しかし、いつどのようなスキルを行使するのかを決定するのはそのトレーダーの考え方である。

私は本書でトレーディングシステムについて詳述するつもりはなく、単にトレーディングシステムと心のあり方を調和することが大切であると指摘するにとどめる。トレーディングシステムがマーケットのシグナルに対してトレーダーの注意を促し、その状況に適した行動を指示するならば、トレードの仕方とその応用法を決定するのがトレーダーの考え方である。一瞬の決断が要求される緊迫した状況下で、突然トレーディングシステムが無力であることを経験したトレーダーは、心のあり方を意識的にマネジメントするスキルの重要性を再認識するだろう。

すでに本書のような投資本を読まれているあなたは試行錯誤を繰り返しているか、あるいは検証された戦略を厳格に実行することで（もしそうでないのであればウエッブにその分野のコーチングを依頼すればよい）、トレードで何らかの成功を収めているだろう。

われわれはある分野で成功すれば、その成功の原則をあらゆる分野に適用できると思っている。これを逆に言えば、ほかの環境で成功するには以前の環境とはまったく異なる心のあり方が求められることが分かっていない。例えば、先物取引や株式取引の成功の考え方をほかの分野に適用するとき、実際にその考え方の有効性を詳しく確認しないで適用すれば、試みる前からその結果は明らかであろう。

自分のやり方は間違っていると思ったり、最初から失敗するだろうと考えてトレードを始める人はいない。しかし、実際はまさにそうなのである。トレード以外の分野で大きな成功を収めた人々は、相場の世界でも同じように成功できると思っている。こうした何の根拠もない自信に加えて、この世界では費やされた時間とその報酬との間には何の関係もないので、トレーダーはトレードに対してあまりにも大きな期待を抱いてしまう。

「その根底にあるのはトレードは簡単であるという思い込みである。多くのトレーダーが有り金すべてを失いながら、それでもトレードの基礎レベルにも達しないのはこうした思い込みにその原因がある」

——ポーラ・ウエッブ

トレードは簡単であると思って相場の世界に入ってくるのは、多くのトレーダーが陥る大きな落とし穴である。相場の世界でパフォーマンスの程度やトレード結果に対する期待を構成する基本要素は次の四つである。まず最初は時間であり、多くのトレーダーは限られた時間をフルに使おうとするので、最後には時間そのものがなくなってしまう。二番目の要素は努力であるが、われわれはここでも有限の努力というエネルギーを使い続けて疲れ果ててしまう。トレードでも適当に休まないと病気になってしまう。三番目の専門技術については、われわれがスキルを学び、それに熟達していくときにも膨大な時間とエネルギーが必要である。一方、われわれが自己評価するときの大きな目安のひとつが仕事量とそれに費やした時間であり、それに見合う報酬が四番目の要素である。一般にわれわれが受け取る報酬の程度は、その仕事の難易度とそれに要する努力（エネルギー）と時間によって決まる。時間やエネルギーとそれに見合う報酬は、個人レベルの需要と供給のようなものである。

一般社会では仕事の成功と報酬はこの四つの基本要素によって決まるが、相場の世界ではこうした相関関係はまったく成り立たない。まず第一に、この世界では肉体的な努力はほとんど必要ない。どんなデバイスでも口座を開設して、マウスや携帯電話のタブをクリックして売買を行うだけである。次に一瞬の決断で数千ドルの利益を上げるトレーダーにとって、時間の長さもそれほど意味はない。仕掛けたあとに相場が思惑どおりに進み、予想外の利益を手にすることも珍しくはない。肉体的な努力を必要としないこの世界でこうした経験をすると、短い時間で簡単に利益を手にできると思い込むのも当然であろう。

トレードが簡単であるという間違った考え方を検証するために、トレーダーが個人的にこうしたことを経験する必要はない。ほかの人の行動を見れば、それがどんなものであるのかはよく分かる。トレードを始める人は安く買って、それを上回る価格で売れば利益を上げられると思っている。それがわずか数ティック（最小呼び値単位）であっても、建玉を増やせば利益は大きくなる。そうして利益を積み上げていけば、外国旅行や高級車、または経済的な独立など実現できないものは何もない。普通の仕事で同じ金額を稼ごうと思えば、額に汗してどれくらい働かなければならないのだろうかと考え、そこからトレードは簡単であるという完全に間違った結論を引き出してしまう。

問題はトレードの初心者にとって、相場の世界で生き残るにはどれくらいの専門技術が必要なのかを合理的に判断できないことである。トレードとは何の制約もない世界で自分自身を律することであり、これまでの人生のなかで初めて経験する何の社会的制約もないところで自分を自由にかつ創造的に表現することである。特に利益がおもしろいように入ってくれば、必要なスキルを習得するのに相応な時間がかかるという単純な事実も忘れてしまうだろう。こうした思い込みは本当の努力というものからトレーダーの目をそらせてしまう。利益のチャンスを読み取ったり、トレードを完璧に実行するスキルを習得するには長い時間と多くの努力を必要とするが、この世界ではこの二つの要素（時間と努力）は報酬とは無関係である。

それならばトレードは簡単であり、したがって経済的な夢を実現するのも難しくはないと考えて相場の世界に入ったものの、そうした期待が報われなかったときはどうなるのだろうか。遅かれ早かれ、その人のトレード経験は苦痛、不満、罪悪感、恥辱などに満ちたものになるだろう。とりわけ期待が大きすぎると、次の三つの大きな心理的な障害が立ちはだかり、それらを乗り越えなければトレードで成功することはできない。

- 一番目は、最初に不満や罪悪感や恥辱などの感情から自分を解放しなければならない。
- 二番目は、そうした精神的に苦しい経験は恐怖心を引き起こすので、後遺症が残るそうした心理的なダメージを修復する方法を知る必要がある。

●三番目は、トレードをするときの悪い癖を直し、最終的に利益を累積できるようなスキルを習得することである。

多くの人にとって、こうしたことはとても難しく思われるかもしれない。たとえあなたがこうした精神的なトラウマを経験したことがなくても、適切なトレーディングスキルを習得することはやはりそれほど簡単なことではない。しかし、それを成し遂げたときの見返りが極めて大きいことは私が保証する。先物や株式市場の無限大のチャンスを現実のものとするための努力がそんなに簡単であるはずはない。

本書を読み進めば、たとえ私とウエッブとあなたの考え方に大きな隔たりがあったとしても、また、私が真実だと信じていること、ウエッブが真実だと信じていること、そしてあなたが真実だと信じていることが大きく異なっていたとしても、相場の世界の現実についてはそれほど大きな意見の不一致は生じないだろう。あなた自身が望まないかぎり、たとえ暴力や拷問をもってしてもあなたの信念を変えることはできないが、私の言うことがあなたの望むものと一致するならば、自分の信念を私の考えのほうに変更するだろう。

先の火渡り人に話を戻すと、たとえ彼らが以前に焼け石の危険とやけどの苦痛を知っていたとしても、新しい考え方を受け入れることによって、それまでの信念を一時的に変えることはできる。おそらくあなたもトレードで成功するにはどうすればよいのかについて、それまでの信念を変えることはできるだろう。それができれば、トレーダーになろうと考えた以前に一般社会で教えられた物の考え方は、トレードに対する大きな期待と楽観的な結果をもたらすものとは正反対の考え方や信念であり、必ず失敗に終わることが分かるだろう。しかしながら、自分の内なる信念を変えようとする前に、どのように考え方を変えるべきなのか、そしてそれがトレーダーとしての自分にどのようなメリットをもたらすのかを知る必要がある。

トレードで成功するための格言（「トレンドに乗れ」「損小利大」「マネーマネジメントが成功のカギである」など）は何度も聞いているが、そうした原則のメリットとそれをどのように実際に応用するのかについてはいまひとつはっきりしない。私は多くのトレーダーが犯す最も一般的なトレードミスのひとつが、損切りに対する抵抗であると思っている。もしもあなたがそうした損切りの抵抗をまだ経験したことがないとすれば、おそらくあなたはこう思っているに違いない。「私の目標はお金を儲けることであり、損失は失敗であると思っているので、小さな損失も受け入れることはできない」。その根底にあるのは身動きの取れない状況と、損失という惨めな結果を受け入れたくないという思いである。しかし、もしもあなたが損失とそれが心にもたらす影響やその意味について自分の考えを変えられるのであれば、「今回のトレードは失敗だった。適切な対策を講じよう」と気持ちを切り替えることによって、それまでのストレスや不安感から自分を解放することができるだろう。

トレードで大きな成功を収めた数少ないトレーダーは、キャリアのある時点でマーケットを征服しようとしたり、マーケットを自分の期待や目標に従わせることはできないことを学習する。そのときに彼らは、常に変化しているマーケットでは仕掛けたときがトレードの始まりであり、十分な利益を上げたときがトレードの終わりであり、自分がマーケットで生き残れるかどうかなど、まったく考えないで行動することの大切さを理解したと思う。彼らは最終的に自分の視点を変えることによって、日常生活とは異なる厳しいこの世界に適応していったのである。しかし、私自身の経験を述べたところでも触れたように、本書では一歩ずつ読者の考え方を変えることを目的としているが、一般にこうした心の変化は一歩ずつ進むものではなく、多くの場合は、大きなドローダウンを喫したあとに初めて起こるものである。

一般社会においてわれわれが自分の願望を実現したいときは、外部の世界をコントロールしようとする。つまり、自分の欲しいものを得るために何かを変えなければならないとき、自分の心の視点を変えようとするよりは、自分のニーズに合うように外部の世界を変えるほうが手っ取り早いと考える。問題解決のために自分自身を変えるというのは、どうしても最後の手段となってしまう。それではなぜわれわれは、自分を内部から変える方法を意識的に学ばなければならないのだろうか。その理由は次の三つである。すなわち、①新しいトレーディングスキルや自分の新しい表現法を習得するため、②その新しいスキルを学ぶときに抵抗となる従来の古い信念を変えるため――である。そして三番目の理由については以下で説明する。

最初の二つの理由に関連して、ひとつのエピソードを紹介しよう。私の顧客のひとりに子供のときにとても慕っていた叔父を亡くした人がいる。すでに父を亡くしていた彼にとって、その叔父は父のような存在だった。その叔父は若いときに激しい運動をしている最中に心臓病で死亡したという。それを見ていた彼は自分も激しい運動をしたら、おそらく心臓病で死ぬだろうと思いながら成長した。だれだって運動をして汗を流せば動悸は速くなるが、彼はそれを心臓病の前兆と考えていた。やがて彼は過呼吸症になり、それまでしていた運動をすべてやめてしまった。心臓病で死ぬのではないかという思いがとても強かったので、子供のときから、さらに大人になってもスポーツは一切やらなかった。

しかし、三〇代後半になると自分は叔父のように心臓病で早死にすることはないだろうと思うようになった。叔父が亡くなった年齢を無事に過ぎたからである（彼は叔父が亡くなった年齢のころに自分も死ぬと思っていた）。叔父の死亡した年齢を過ぎても生きている彼は、それまでの思い込みをすべて捨てた。彼は体力をつけようと、すでに何年も走っていた私にランニングの方法についてアドバイスを求めてきた。ある意味で彼にとってランニングは新しいスキルであり、明らかに新しい自己表現法だった。われわれは一緒に走り始めた。しかし、彼は自分が走れないことを思い知った。走り方が分からないのではなく、動悸が速くなると心では走ろうとするのだが、身体がピタリと止まってしまうのである。激しい運動をすると心臓病で死ぬという思い込みは、彼の心の世界でまだ大きなパワーを持っていた。こうした信念が抵抗となって走ろうとする意識にブレーキをかけていた。彼は意識的に身体に走り続けるように指令を出していたが、それに抵抗する信念が「いや、だめだ。動悸が落ち着くまで休め」と叫んでいた。心のシステムが彼の行動の足を引っ張っていた。

ここで三番目の理由について説明するが、トレードに臨んで外部の世界を自分の心のあり方に従わせる代わりに、なぜ自分が内部から変わらなければならないのだろうか。それはマーケットが、個人トレーダーやトレーダー集団がコントロールするにはあまりにも巨大であるからだ。つまり、あなたが相場を自分の望む方向に動かすほどの資金力を持っていなければ、外部の世界（マーケット）の流れに乗り、それに適応していく方法を学ばなければならない。あなたはマーケットに適応するのか、それとも大きな苦痛を味わい続けるのかのどちらかを選択しなければならない。トレーダーとしてあなたが経験する苦痛や心のダメージが大きいとすれば、それは恐怖心を持たないでトレードしたり、一貫した成功を手にするために自分が大きく変わらなければならないことを示唆している。

こう言うとあなたは、「なぜ心の視点でマーケットを見なければならないのか。トレーダー個人がどのようにマーケットを見たり考えたりしても、マーケットはそれとは無関係に動いているではないか」と反論するだろう。それに対するウエッブの答えはこうだ。「マーケットは何百万人という市場参加者の思惑を反映して動いている。そうした個人は国籍や宗教的信念や地理的および・または経済状況などの違いにもかかわらず、いずれも人間であるかぎり、すべての人に共通する心のあり方がある」。われわれがストレスや瞬時の決断などに直面するとき、人間のこうした心のあり方はかなり予測可能な方向に揺れ動く。マーケットで資金を失うという恐怖は、野生動物に襲われたり、車の大事故に遭遇して命を失うのではないかという恐怖と同じくらい強烈である。

しかし、すべての参加者が集団的に行動するとはいっても、マーケットはすべての人に同じことを意味するわけではない。つまり、マーケットのあらゆる動きは各個人にそれぞれ違う意味やインパクトをもたらす。そしてマーケットの動きに対するトレーダーの経験とは、マーケット情報を入力（認識）する各個人の心のあり方を反映したものであり、それぞれに異なる心のあり方がまったく違う行動を引き起こす。例えば、二人以上のトレーダーが現在の価格について納得しているとしても、その価格がどのようなインパクトを与えているのかについて同じ思いを持っているわけではない。

その価格があなたに与える意味とは、自分の考え（信念）を反映したものである。トレーダーとしてのあなたは将来の価格に対する自分の信念に照らして、その価格では高く、その価格だと安いと決定していかなければならない。それが相場で利益を上げる唯一の方法である（安く買って高く売る、または高く売って安く買い戻す）。相場が常に動いているかぎり、そこにはいつでもそうしたチャンスが存在する。あなたは「自分の信念、意思、認識や自らのルールに基づいて、心のなかでゲームを創造している」のである。それはあなただけの心の視点であり、あなたはマーケットの出来事をどのように認識するのかを自ら選択しているのである。たとえ自分の認識をどのようにコントロール（または変更）するのかをはっきりと自覚していなくても、あなたは何かを選択しているのである。正しいトレーディングスキルを習得しないうちは、あなたのトレードの成否はマーケットとはあまり関係のないいくつかの心理的な要因によって決定されるだろう。

トレーダーとして成功できない理由は数多くあるが、その主な理由は次の三つである。

スキルの欠如

一般にトレーダーは、相場の世界がほかのすべての世界とまったく異なることを理解していない。だからトレーダーは簡単であり、短期間で多くの利益を上げられると思ってしまう。トレーダーは成功の期待だけを膨らませ、それを実現するための適切なスキルが伴っていないので、失望、苦痛、心理的なダメージ、そして恐怖を味わうことになる。恐怖心はトレーダーの客観的な視点、トレードの実行能力、マーケットの基本的な性質の理解などを曇らせてしまう。もちろん、適切なスキルがなくても相場でお金を儲けることはできるが、遅かれ早かれそれまでの利益をすべて吐き出してしまうのは明らかである。その結果はやはり失望、苦痛、心理的なダメージ、そして恐怖となる。

一般トレーダーは心理的なダメージを修復する方法が分からないので、恐怖心から自分を解放することができない。それゆえに恐怖心をなくす方法を学ぶ必要がある。人々は一般社会で生活するとき、自分自身について何らかの幻想を持っているので、そうした幻想による自信を心のよりどころにして生きている。しかし、マーケットにはそうした幻想を支えるものは何もない。トレーダーが恐怖を感じたとき、彼はそれを何とかごまかそうとするが、そうした感情はすぐにトレード結果に反映される。

間違った信念

ほとんどの人々はトレーダーとして成功することを妨げるさまざまな古い信念を心のなかに持っている。それらを自覚している人はごく一部であり、多くの人々はそうしたことにまったく気づいていない。したがって、そうした有害な信念がトレーダーとしての行動を左右したり、大きな影響を及ぼしていることの重大性がまったく分かっていない。多くのトレーダーはマーケットの専門家になることでそのような間違った信念と正面から向かい合うことを回避しようとするが、心のシステムに大きな影響力を持つそうした信念から自分を解放しないかぎり、トレードで成功することはできないだろう。かなり正確にマーケットの動きを予想する専門家は少なくないが、彼らはトレーダーとして利益を上げることはできないだろう。彼らは信念の性質のみならず、それがトレーダーの行動にどれだけ大きな影響を及ぼしているのかが理解できなかったり、またはそれをめぐる問題に直面することを避けてしまう。その結果、同じようなマイナスの経験を何度も繰り返し、やっとこの問題に正面から取り組むことを決心すればよいほうで、そうでなければすべての資金を失ってトレードをやめてしまうのがオチである。

自己規律の欠如

今のスキルのレベルでは適切に対処できないようなマーケットの環境に直面したとき、自らの行動をコントロールする何らかのルールや原則を設ける必要がある。皆さんには子供のときに両親がひとりで道路を渡ることを許さなかった経験があるだろうが、それはあなたに道路を安全に渡る能力がなかったからである。交通事情について適切な判断が下せるようになると、両親はあなたを信用してひとりで道路を渡ることを許可しただろう。両親はまだ小さかったあなたが車にひかれるのではないかと心配していたのである。そのために彼らはあなたがひとりで道路を横切るチャンスがあるときでも、あなたが自由に行動するのを禁じていたのである。

相場の世界でもこれと同じことが言える。ただひとつ違うのは、（比喩的に言うと）だれも道路の真ん中に突っ立っているあなたがトラックにはねられるのを防いではくれないことである。自分を守るのは自分しかいない。トラックに何度かぶつかると、道路の向かい側に大きなチャンスが転がっていても、それにつられて道路を渡るようなこともなくなるだろう。さらに車やトラックがあちこちからやって来ることが分かるようになると、道路に飛び出すことにはいっそう慎重になる。そしてあまりにも慎重になりすぎると、実際に車にぶつからなくても、突然路上で立ち往生することにもなりかねない。

第2部

心の視点から見た相場の世界の特徴

第1章～第2章ではトレードの難しさについて説明したが、以下の第3章～第8章ではトレーダーの心の視点から見た相場の世界について検討する。ここでは相場の世界がわれわれの育ってきた文化的環境とはまったく異なることを明らかにするので、あなたはこれまで経験したことのない心理的な問題に直面することになるだろう。以下の主な目的は、トレーダーとして成功することがそれほど簡単ではなく、この相場の世界でうまく対処していくには、心に深く根付いている一般社会の考え方や信念を大きく変えなければならないことを理解してもらうことにある。

第3章 マーケットはいつも正しい

もしも価格があるところで止まったとすれば、この最後の値段（現在値）は何を意味しているのだろうか。それは基本的に、そのときマーケットに参加していたすべてのトレーダーのその商品に対する将来価値と比較した現在価値のコンセンサスを表している。すなわち、現在の価格は価格決定のフォース（force）となるすべてのトレーダーの考えを直接反映したものである。例えば、二人のトレーダーがトレードするとき、ひとりはその値段で買いたい、もうひとりは売りたいときにマーケットが形成される。つまり、マーケットが正しいというのは二人のトレーダーがその価格で売ったり、買ったりしたいということである。その商品の価値を決定する基準が自分の考えに比べてどれほど非合理的または無意味なものに思われようとも、二人のトレーダーがトレードによって将来価値に対する自分の考えを表現すれば、マーケットは形成されるのである。そしてトレードが成立すれば、その事実そのものによってマーケットは正しいということになる。

もしもあなたにマーケットをコントロールするほど巨額の資金があり、自分が正しいと思う方向に相場を引っ張るだけの力があるならば話は別だが、そうでなければマーケットにとってあなたが望み、思い、信じたり、または期待することなどは何の意味もない。自分の望むようにマーケットを作りたいのであれば、あなたとは異なる考えを持つトレーダーのすべての反対玉を吸収するだけのフォースを持たなければならない。

マーケットの観察者から見ると、そのときの値動きはマーケットの流れとある方向に価格が動く可能性を表している。もしもあなたが将来価値と比較してそのときの価格が安い（または高い）と判断するならば、値動きは（安く買って高く売る、またはその逆をする）チャンスとなる。ある方向に価格が動くというのは、そうした値動きを作り出すフォースの強さの程度を反映している。例えば、価格が新安値を更新したとき、あなたに以前の安値以上に相場を引き戻すだけの資金力がなければ、いくらそんなはずはないと思ってもそれは何の意味もない。価格が新安値を更新したというのは、それまでの価格は適正価格よりも高い（したがってそこは売りのチャンスである）と考えるトレーダーが多数を占めたと考えるべきである。そしてさらに相場が下落していくならば、それはその値段（新安値）でも買いたいと思うトレーダーが売りたいと思うトレーダーよりも少ないことを意味している。

ある株式の価値について自分の信念やそう思う理由は自分にとって意味があるかもしれないが、マーケットがその信念に同調してくれないかぎり、それは正しいことにはならない。その理由がどれほど説得力があり、またはあなたの信念がどれほど価値ある情報に基づいていたとしても、相場は最も大きいフォースの方向に動くからである。相場の世界では正しい、または間違っているという考えは何の意味もない。この世界では一般社会のように、学歴、学位、名声や知能指数の高さなどは何の価値もない。将来の価格に対する自らの強い信念に基づいて行動するトレーダーだけが、値動きを作り出すフォースとなる。値動きは利益のチャンスを生み出し、利益はトレードの目的そのものである。こうしたことは資産価値を守るためにマーケットに参加するヘッジャーについても同様である。

それぞれのトレーダーはその理由は何であれ、どのようなマーケットの状態が利益のチャンスを提供するのかを自分なりに判断している。もしもあなたがほかのトレーダーは間違っていると考えても、彼らの集団的行動があなたのポジションと反対方向に相場を動かしたとすれば、彼らは正しく、あなたは間違っていることになる。マーケットが間違っているということはない。したがって、マーケットと向き合う個人トレーダーとしてのあなたは、まず第一に利益のチャンスを見つけるマーケットの観察者でなければならない。次にマーケットの行動に適応する市場参加者として、自分だけが間違っているという状況もあり得ることを十分に認識すべきである（その反対に自分だけが正しく、ほかのトレーダーはみんな間違っているという状況はあり得ない）。あなたはトレーダーとして、正しいことと利益を上げることのどちらが重要であるのかを選択しなければならない。この二つはあまり一致することがなく、両立するのが難しいからだ。

第4章

利益と損失の無限大の可能性

相場の世界の「無限大」という意味をギャンブルにたとえると分かりやすいだろう。ギャンブルのゲームでは各プレーで最大いくらの利益や損失が出るのかは前もって分かる。したがって自分の賭け金を決めることができるという、損得の限度額が数字的にはっきりしている世界である。ところが相場の世界はそれとはまったく違う。どのようなトレードでも仕掛け値から価格がどれほど動くかはまったく予想できない。価格の行き着く先がまったく分からないというのは、損益の限度額がないということである。これを心の視点から見ると、各トレードには経済的な独立を果たすという大きな夢を実現する可能性もある。もっとも、相場の流れ（買い方と売り方の勢力争い）に照らして、自分のポジションの方向にいつでもフォースが向かい、こうした夢を実現できるというチャンスはそれほど多くはない。しかし、もしもあなたがそれを信じるならば、ベストのチャンスは反対方向にあると告げているマーケット情報を無視して、自分の信念を裏付けるような情報だけに目を向けている可能性が高い。

あなたが負けトレードをしていれば、価格は仕掛け値からさらに遠ざかり、損失額はますます膨らんでいく。それでも相場はやがて戻ってくるだろうと考えるならば、損失は雪だるま式に膨らんでいくだろう。そして最後にはこれほどの損失になるとは思わなかったなどとつぶやきながら、マーケットから退出することになる。これを心の視点から見ると、いまや無限大の利益と幸福を手にできる可能性はほとんどなくなってしまった。

ある方向に相場が動く可能性を客観的に予想する方法はいくつかある。そのひとつは、各トレードには自分の夢をすべて実現できるチャンスがあると思う考えを捨てることである。というのは、こうした幻想は客観的な視点でマーケットの動きを判断することを大きく妨げるからだ。それでもまだそうした夢を捨て切れず、依然としてマーケット情報を色眼鏡で見ていれば、いつまでたっても客観的な視点に立ってトレードする方法を習得することはできないだろう。おそらく、それまでに資金のほうが先に底を突いてしまうからである。

第5章 相場は初めも終わりもなく動き続ける

相場はいつでも動いており、ときに休止することはあっても静止することはない。どのような理由であれ、今の価格よりも高くても買いたいと思うトレーダーがいるかぎり相場は上がり、今の価格よりも安くても売りたいと思うトレーダーが多くなれば相場は下がる。理論的には、FX市場はともかく、マーケットがクローズしているときでも相場は動いている。例えば、トレーダーが翌日の寄り付きで買いたい（または売りたい）値段は前日の終値と同じではない。マーケットで利益や損失を出すプロセスは、仕掛け、ホールド、手仕舞いの三つしかない。しかし、自分が勝ちトレードを保有しているのなら、トレーダーとしてその日の最初のトレードをする前に知っておかなければならないことがある。何の制限もなく常に変動している相場の世界では、いつでもそれ以上の利益を手にするチャンスがある。相場に参入する多くの人々がトレーダーになって実現したいこととは、もっと儲けたいということではないだろうか。貪欲という熱望はけっして満たされることはない。貪欲者はどれだけ儲けても、常に物足りなさを感じている。

いくら儲ければ十分なのかという問題については、儲けたいまたは必要としている金額、リスクをとっている金額、満足できる金額など、その人の考えに応じてほぼ無限の解答がある。例えば、今日は十分であると思っていた利益額が明日になれば十分ではないこともあり、この問題について決まった解答はない（ポーラ・ウエッブ著『セイクリド・パス・オブ・ザ・ウォリアー・トレーダー』参照）。しかし、トレーダーがこうした個人的な問題だけにとらわれていると、次第にマーケットの動きを客観的に見ることができなくなる。こうした個人的な問題はマーケットの動きとは関係がない。成功しているトレーダーはよく「余裕資金でトレードしなさい」と言うが、これは生活とは関係ないお金でトレードしなさいという意味である。その資金が生活に必要でなければそれほど欲張ることもなく、マーケットの動きを客観的に見ることができるからである。

勝ちトレードのときはもっと利益を得たいと思い、その反対に負けトレードのときは、損失を取り戻す水準まで相場が順行することを期待して含み損のポジションをそのままホールドしようとする。負けトレードは失敗を意味するため、そのトレード自体が存在していることを望まず、もう少し待てば含み益のあるトレードになると自分を納得させることで、自分は負けていないように振る舞うことができる。そのどちらの行動をとろうともそのスタンスには一貫性がなく、いずれは苦痛に満ちた結末となるだろう。

マーケットとは形がなく、そして初めも終わりもない世界である。トレーダーにとってこのマネーゲームとは、（始値や終値とは関係がなく）仕掛けたときが始まり、手仕舞ったときが終わりとなる。トレーダーはいわば心のなかでこのゲームをしている。自分の行動を正当化する理由がどのようなものであっても、いつでも自由に仕掛けられるし、またこれで十分だと思ったときに自由にゲームを終了できる。こうした決断を下すときに心のあり方が大きく影響している。

トレードを仕掛けるというのは、リスクやチャンスの程度、自分の判断に対する自信などいろいろな要因を考慮したうえで、利益の可能性に対して自分の信念を賭けることである。一方、ポジションを手仕舞うときは貪欲・損失・失敗または自制心などの信念が勝ったときである。ほとんどのトレーダーにとって、無限大の利益の可能性に賭けてマーケットに参入するのは手仕舞いよりも簡単である。仕掛けでは大きな利益の期待が膨らむのに対し、手仕舞うときは貪欲さ、損失、失敗などマイナスの動機だけが引き金となるからだ。

トレーダーのこうした心理的な要素はマーケットの客観的な動きとは何の関係もない。そしてさらに重要なことは、損失、トレードミス、失敗、自制心などに対する信念は、意識的な意思とは無関係に形成されることである。例えば、今が利益のチャンスだと思っても、トレードミスや失敗の恐怖から仕掛けに踏み切れなかったという経験は少なくないだろう。これは心のあり方が大きく影響しているからであり、それはマーケットの行動の認識、仕掛けの決断とその実行などを大きく左右する。

しかし、初めも終わりもない相場の世界において、おそらく最も大きなマイナスの要素は、トレーダーが「パッシブな敗者（passive loser）」になることである。これを具体的に説明するには、ギャンブルのゲームと比較すると分かりやすいだろう。例えば、（トランプの）ブラックジャック、競馬またはサイコロ賭博などでは、プレーヤーはそのゲームに参加するのかどうか、いくら賭けるのかを自分で決定する。そしてゲームはそのルールに従って開始・終了し、損失のリスクはプレーヤーの賭け金だけに限定される。各ゲームは独立しており、それぞれの勝率は数学的な確率やゲームのルールによって自動的に決まる。ゲームが終われば、参加者はその結果を正確に知り、それに基づいて次のゲームに参加するかどうかを自分で決断する。このようにギャンブルのゲームでは、負けたプレーヤーは「アクティブな敗者（active loser）」である。ここでは自分が決めた賭け金以上に負けることはないという、いわばゲームに参加してアクティブに負けたとも言えるし、またプレーヤーは自分で損失額を加減することもできない。もしもプレーヤーが負け続けるならば、損失や失敗に対する自らの信念に照らして全面的にプレーをやめると決断する必要がある。しかし、こうしたことはそれほど簡単ではない。そうしたプレーヤーはゲームに最終的に勝てば、そのあとはいつでもゲームをやめられると思ってしまうからである。ギャンブルゲームの勝敗は自動的に決まるので、プレーヤーは自分の心のあり方に照らしてそのゲームを終了することはできない。

この点がパッシブな敗者になる可能性のある相場の世界と大きく異なるところである。相場の世界では仕掛けて負けトレードになったら、自分で損失を止めなければならない。損失を止める措置を何も講じないと、マーケットは無限に、あるいは少なくともあなたの口座資金や証拠金が枯渇するまで、延々とあなたのポジションに逆行する可能性がある。あれこれ理由をつけて何も行動しない、または行動することができないと、有り金すべてか、それ以上を失ってしまう。ポジションの大きさやマーケットのボラティリティ次第では、こうしたことが起こるのもけっして珍しいことではない。そうしたときの大切な対策は、貪欲さ、損失、失敗などに対する心の問題と正面から向き合うことである。各トレードでこうした問題がどのような性質のものになるのかは、その人が勝ちトレードか、負けトレードのどちらにあるのかによって異なる。

われわれは本能的に苦痛を伴う問題と向き合うことを避けようとするので（例えば、勝ちトレードの早すぎる手仕舞い、トレードミスによる損失を認めることなど）、そうした状況を正視しない最も簡単な方法は、このトレードはまだ終わっていないと自分に言い聞かせたり、または負けトレードではないことを裏付けるさまざまな証拠を集めることによって自分を納得させる（幻想を抱く）ことである。しかし、いずれも自分の心と正面から向き合っておらず、マーケットがわれわれに語りかけていることを客観的に見ようとはしていない。マーケットではこうした厳しい局面と向き合わないようにする理由はいくらでも作れる。例えば、一ティック単位の小さな値動きに注目しているとき、相場がどちらの方向に向かうのかというトレンドのパターンや値動きの特徴については、ほぼ無限の解釈が可能である。相場が自分の望む方向に向かうだろうという信念、マーケット情報の合理化や歪曲化、幻想を抱くことなどによってそのときの局面をどのようにでも解釈できる。

相場の動きは単純に上昇、下降、または横ばいの三つに大別できる。ここからトレードで成功する確率は半々であるといった間違った結論を引き出すトレーダーもいる。もちろん、そうした解釈も完全に間違っているわけではない。例えば、相場が一〇ティックのトレーディングレンジで往来している場合、このボックス相場の底から天井までの値動きのパターンは無限大に上るだろう（私は統計家ではないが、少なくとも数百万通りはあるだろう）。これを少し具体的に説明すると、例えば、価格がA点を底として一ティック高、二ティック安、一ティック高、三ティック安……と変化してB点に行ったとする（これは極めて短時間での値動きで、数百万通りの値動きパターンのひとつにすぎず、将来も多様なパターンをたどるだろう）。もしもあなたがA点で買いを入れたとすれば、相場がその買値を上回る確率はどのくらいあるだろうか（具体的には翌日も買値を上回る水準で推移した、または一時的に二ティック、五ティック、または一〇ティック下落したが、そのあとに買値を上回るところまで戻した——など）。この質問に答えるには、相場の流れやある方向に向かう値動きの可能性について深い洞察が必要であり、現実のマーケットからその答えを引き出すのは難しい。

次にA点とB点の中間値で空売りした場合、あなたはどのようなマーケットの情報に注目するだろうか。それはもちろん下落に関する情報であろう。そうした情報とは自分の予想を裏付けるものであり、そこには上昇に関するものは含まれていない。しかし、現実のマーケット情報は相場の流れやある方向に向かう可能性についていろいろと語りかけてくれる。自分の願望や信念を裏付けるような情報だけを重視しているとき、マーケットが語りかけるいろいろな可能性を読み取るにはどうすればよいのだろうか。すなわち、自分の希望や夢、願いや信念などを実現してくれる情報を重視する代わりに、マーケットの実際の可能性を客観的に評価するにはどうすべきなのか。マーケットが突き付けてくる情報の多くは、トレーダーがどうすればマーケットで生き残れるかという難しい問題に関するものである。しかし、実際にはそうした情報もいろいろな幻想や期待などによって歪曲化や変形され、苦痛を回避することに利用されてしまう。こうした状況は自分の心がそれをやめようと思わないかぎり、または証券会社が証拠金不足を理由にポジションを強制的に手仕舞うまで続いていく。

一貫して利益を上げるトレーダーとなるには、相場が次にどう動くのか、どれほどの利益で満足すべきなのかなどを考えながら、マーケットが語りかけるものを客観的に読み取ることがその条件となる。しかし、マーケットの次の動きが（損失やトレードミスをもたらし、また貪欲さや復讐心などを引き起こす）自分の心のあり方とは何の関係もないと思っているかぎり、マーケットからコンスタントに利益を得るのはかなり難しい。これについてあなたは「損失、トレードミス、貪欲さなどはよく分かるが、そこに復讐心が入っているのはどういうことなのか」と質問されるだろう。これをうまく説明するには、話をもう一度ギャンブルに戻すと分かりやすいだろう。ギャンブルのゲームでは賭け金以上を失うことはなく、損失の責任はいわばギャンブラー自身の運にあった。ところがトレードでは意図したリスク額以上の損失を被ることも珍しくなく、その原因はすべてそうした可能性を認識できなかった、または負けトレードのポジションを手仕舞おうとしなかったトレーダーの心のあり方にある。

トレードを始めたとき、あなたは意図したリスク額については責任を取ると思っていたであろうが（多くのトレーダーはそうした責任も取ろうとしない。だが、ウエッブはトレーダーと協力してこの問題を解決する手助けをすることはできる）、それ以上の損失額の責任については考えてもいなかっただろう。これが復讐心を引き起こす原因となる。意図したリスク額以上の損失の責任を自分で取らないとき、その矛先はどこに向かうのだろうか。それはもちろんマーケットである。つまり、マーケットが自分から必要以上のお金を奪った、それならばマーケットからそれを取り戻すのは当然だと考えるのは極めて自然であろう。

例えば、前回のトレードで二〇ティックの損失を出したが、今のトレードでは一〇ティックの含み益が出ているとしよう。客観的な観察者から見ると、今の相場水準から判断するとここで利益を確定するのが賢明であるが、前回のトレードで二〇ティックの損失を出したときのリスク許容額が五ティック、今の含み益が一〇ティックであるとすれば、あなたはどのように考えるだろうか。もしもすべての損失額を取り戻したいと思えば、マーケットがどのような情報を伝えてきても一〇ティックの利益では不十分である。最低でも一五ティック、できれば全額の二〇ティックは欲しい。

しかし、あなたのこうした胸算用はそのときのマーケットに存在する可能性とは何の関係もない。あなたがマーケットから先の損失額を取り戻そうとすれば、あなたとマーケットは敵対的な関係になる。つまり、マーケットはあなたの敵となり、あなたと調和する代わりにあなたと対立する存在になる。マーケットはあなたが許容しないものを奪うことはなく、あなたが意図したリスク額以上の損失を出したということは、あなたがほかのトレーダーにそれをくれたのである。そして最終的には復讐心が自分自身との敵対関係を作り出す。マーケットが自分のお金を奪ったのであれば、マーケットからそれを取り戻すのは当然だ。あなたは前回の負けトレードを引き起こした自分に腹が立ち、マーケットが今あなたに差し出している利益では満足できない。前回のトレードに満足しないあなたは今の利益のチャンスも受け入れようとはしない。過去にトレードミスを犯した自分を罰するために、あなたは現在と将来の利益のチャンスも拒否している。実際にはマーケットに復讐することはできず、そうした復讐心は最終的に自分自身への復讐という形で自分に跳ね返ってくる。

マーケットの次の行動を予想する能力と、損失やトレードミス、マーケットへの復讐心などのマイナスの考えから自分を解放する度合いの間にはダイレクトな相関関係がある。こうした関係に気づかない多くのトレーダーは、試行錯誤を繰り返したり、本書のような投資本を読んでそれに気づくまで、曇った目でマーケットを見続けることになる。いずれにせよ、多くのトレーダーはマーケットの行動と自分の心のあり方との相関関係を理解するまでに多くの心理的なダメージを受けるので、トレードで成功するのはかなり難しい。

本書で自己変革の必要性を繰り返し訴えているのはこうした理由による。もしもあなたがこうした心理的なダメージを経験しているならば、こうした事実を理解するのはもちろん、さらに重要なことは、その現実を受け入れ、そこから自分を解放し、より生産的で自分を変えることのできる考えをあなたの心に植え付けることである。

第6章　マーケットとは形のない世界

はっきりとした初めと終わりがあり、また自らの行動を律する厳しいルールが存在する有形の一般社会とは異なり、マーケットとはいつでも流れている川のようなものであり、初めも終わりもない無形の世界である。いったんこの川に入ったら、いつでも自分で方向を変えなければならない。飛び込んだときは北に向かって流れていた川でも、何の予告もなしに今度は南に向かって流れ始めることもよくある。形のないこの世界ではトレードのルールはすべて自分で決めなければならず、それをどのように作るのかもまったく自由である。すなわち、この川に飛び込むのかどうか、いつ飛び込むのか、またどの程度のフォース（force）を投入するのかなどもすべて自分で決定する。すでに飛び込んでいれば、今度は投入するフォースを強めるのか、それとも弱めるのかを決断する。さらに自分の意図する方向に流れが変わるまでマーケットから一時的に退出したり、またはマーケットの流れを見極めるためにしばらく相場から離れていてもまったく自由である。

何の制限もない無形のこの世界では、自分の行動を律するルールを決めるのは自分である。そのルールの定義や向かう方向を自分で決定しないと、あまりにも多くの可能性に戸惑ってしまう。一般に自分でルールを決めていないときの結末は壊滅的な損失ということになる。この世界のもうひとつの大きな心理的問題は、自分の行動とその結果についてはすべて自分で責任を取るということである。自己責任の程度が低ければ、それだけマーケットへの責任転嫁の度合いは大きくなる。

一般トレーダーはトレード結果の責任を自分で取りたくないので、そうしたルールやその定義を自分で決めることを何とかして避けようとする。どのような状況の下で何をすべきかが自分ではっきりと分かっていれば、利益を上げるために何らかの行動はとるだろうし、その結果の責任も自分で負うだろう。しかし、多くのトレーダーはまさにそのことがしたくないのであり、マーケットとの関係をやや微妙なものにしておくことを望んでいる。こうした態度はトレーダーにとって心理的に大きなパラドックスとなる。効果的にトレードする方法は自分でトレーディングルールを作り、それを順守することであるが、それには自己責任が伴う。一般トレーダーは必死にお金を儲けようとしているが、そこでは自分の行動とその結果に直接的な関係が存在せず、したがって悪い結果が生じたときの責任を自分で取ることもない。

一般にトレーディングプランを作成するときは、そのプランの内容に応じて将来の出来事の可能性を予測するだろう。あなたも事前にそうしたトレーディングプランを作るときは、将来の展望や自分の能力を考慮し、その結果については自分で責任を取ろうとするだろう。そのプランの結果がうまくいかなかったり、またはプランを上手に実行することができないこともあるだろうが、いずれにしても自分で作成したトレーディングプランであるかぎり、その責任をほかに転嫁することはできない。

トレーダーがマーケットの行動を理解できないときでも（どのような状況下で何をすべきかが分からないのに）、利益のチャンスをあきらめ切れないときは、とにかく何かをしなければならないという衝動に強く駆られる。こうしたトレーダーはそうしたジレンマをどのように解決するのだろうか。そのひとつの方法は、「ほかの人もみんなやっているじゃないか。ドタバタやっている彼らは自分ほど臆病でも無知でもないだろう。彼らは自分のしていることを知っている、少なくとも私自身よりは知っているだろう」と自分を正当化してほかのトレーダーについていくことである。ほかの多くのトレーダーのしていることをまねれば（できれば、最も成功しているトレーダーの行動に追随すれば）、それでもお金を儲けることはできるだろう。

これが群集心理と呼ばれるもので（マーケットではよく見られる光景である）、その根底には「ほかの多くの人々は自分の知らない相場の向かう方向を知っている。そうでなければそうした行動はとらないはずだ」という思いがある。こうした集団心理はかなり伝染しやすく、リーダー的なトレーダーがある行動をとるとそれは連鎖反応を引き起こし、ほかの多くのトレーダーも「彼らは自分の行動について何か合理的な根拠を持っている」と思ってそれに追随する。

こうした行動は「追随者に追随する」とも言うべきものだが、ほとんどのトレーダーはリーダーが行動した理由やリーダーがだれであるのかも実際には分かっていない。その意味ではこうした集団行動は行ったり来たりする波のようなもので、リーダー（自分のしていることがはっきり分かっている人）に最も近いトレーダーが最もうまい部分を取るが、そこから最も離れている素人トレーダーなどには儲けのチャンスはほとんど回ってこない。マーケットにこうしたリーダーが存在しないときは小幅往来の相場となる。

価格が日中や大引けにかけて大きく動けば、こうした大衆の追随者たちはその理由や原因についてあれこれとせんさくする。そうした意見はマーケットのコンセンサスとなっていくが、マーケットのリーダー（自らの行動に責任を持ち、そうした行動を起こした理由をはっきりと分かっている人）がそれをほかの人に話すようなことはけっしてない。一方、大衆の追随者たちは自分の外にその理由を探そうとするが、それは自分のなかにその理由はないし、また自分が非合理的にランダムな行動をとっているとも思っていないからである。これらの追随者たちにとって、そうした行動には多くのメリットがある。そのひとつはそうした行動をとることによって、マーケットとの関係を微妙なものにしておけることである。トレードで利益が出れば自分が正しいことをした証拠となるが、損失が出れば、ほかの多くのトレーダーも損失を被ったとしてマーケットを非難することができる。そうした個人レベルの合理的な考え方や論理的な考え方は、次第にトレーダー集団のコンセンサスとなっていく。こうした集団行動の追随者たちは自分も合理的なトレードの責任を取っているという幻想を抱いており、ほかの多くのトレーダーも同じ行動をとったと考えている。こうすることで少なくとも自分は孤独ではないと思い、トレーダー同士である種の仲間意識を共有しているのである。

マーケットと無縁の人々は、トレーダーとはシビアな個人主義者であり、辛抱強さと大きな決断能力を持っている起業家のような人々であると想像するだろう。ところが実際には、一握りの成功しているトレーダーを除き、その他の多くのトレーダーは次に自分がしようとしていることさえも分からないというのが実情である。彼らに相場で儲けた、または損をした理由を尋ねても答えられないだろう。そして群衆のひとりである彼らには決断能力もないし、冷静な行動をとることもできない。通常の状況下でもこれら平均的な一般トレーダーの心は恐怖心でいっぱいである。一般トレーダーのこうした問題のひとつの解決策が自分でトレーディングルールを作ることであるが、そうすればやはり自己責任というものがつきまとう。

このように多くのトレーダーは自分でトレーディングプランを作成しないことに加えて、自分の行動とその結果の間にできるだけ大きな心理的距離を置こうとする。私は自分で素晴らしいマーケットの分析をしていながら、ほかの人々の意見を聞き、それに従ってトレードしているトレーダーを数多く知っている。彼らは単にトレードがうまくいかなかったとき、自分でその責任を取りたくないのである。実際には自分の分析に従ってトレードしたほうがはるかに良い結果が出るのに。

一日に何百枚もの先物をトレードしながら、そのネットポジションを正確に記録していないフロアトレーダーも少なくない。その理由は忙しすぎる、計算を間違えるといったものである。その日の取引を終えた彼らは心配しながら約定結果をチェックし、ポジションがフラットになっていればホッとしたりする。それほど心配するのであれば把握できる水準までポジションを減らすか、または正確な建玉が分かるまで一時的にトレードを中断すべきだと思うが、彼らはそうはしない。自分のポジションを正確に知っていれば、その結果に対して責任を取らなければならないからである。例えば、たまたまネットのロングポジションでその日の取引を終え、翌日に高く始まればマーケットが自分を祝福してくれたと解釈する。ところが逆に相場が安くスタートすれば、彼はその不運の原因をあれこれとせんさくする。幸運をもたらすネクタイをうっかりしてドライクリーニング業者に渡してしまったとか、取引所まで来る途中に連続して三回も赤信号に引っかかってしまったなど、責任逃れの理由や口実には事欠かない。それらは有名な相場格言から迷信のようなものまで実に多岐にわたるが、トレード失敗の責任を自分以外のものに転嫁できるものであれば何でもよい。

何の制約もない相場の世界では、自分でルールを作らないとそれだけ自分の責任も軽くなるが、そうするといろいろなフォースに押し流されて、自分をコントロールすることはできない。しかし、自分で順守するルールを作らなければ、自分以外の正体不明なフォースにトレード結果の責任を転嫁できるというメリットもある。トレーダーが多くの迷信を信じているのはこうした理由による。もしもそのトレーダーが自分の信念・意思・スキルなどとそれによるトレードの結果をまったく関連づけないとすれば、トレードの成否はその日に着けていたネクタイや引っかかった赤信号などのせいになってしまう。

多くのトレーダーが信じているこうした迷信について私自身の体験を紹介しよう。

ある朝にＣＭＥ（シカゴ・マーカンタイル取引所）のトイレに入ったとき、私はひとりのフロアトレーダーが使っていた便器の隣に近づいていった。そのとき彼は私のほうを振り向いてそっとこう言った。「その便器は使わないほうがいいよ。すぐに終わるから、ここを使いなよ」。私が当惑していると、彼はその便器の底に落ちていた一セント銅貨を指差した。私は彼が何を言おうとしているのかまったく分からなかったので、依然として当惑していた。そして私がその便器を使おうとすると、彼は神経質そうな表情を浮かべ、その場からそそくさと立ち去ってしまった。

あとで仲間のフロアトレーダーにこのことを話し、「その意味が分かるかい」と尋ねると彼は「もちろんだよ」と答えた。彼によれば、便器の底に銅貨が落ちているのは凶兆の表れであり、何か良くないことが起こるのは確実で、こんなことはこの世界の常識であるという。それならば、ＣＭＥのすべての便器に一セント銅貨を落として置いたらどうなるのだろう。

このエピソードなどは一般トレーダーがトレード結果の責任を逃れるために、自分でトレーディングプランを作成したり、自己責任でトレードをしたがらない理由を物語っている。そうすることで彼らは大衆の気まぐれや自らの衝動に翻弄され、次に何をすべきかも分からないままに、相場で取ったり取られたりしているのである。このように行き当たりばったりの勝敗を繰り返していれば、心理的に大きなマイナスの状況が生じるのは当然であろう。自分のトレードとマーケットの行動をはっきりと定義できなければ、損失を避けながらコンスタントに勝ち続けることは不可能である。

トレードで利益を上げれば、それはうれしいものであるが、大切なのはそれを継続的に実現していくことである。（トレーディングプランを作成して大衆の先を見越す代わりに）大衆に追随したり、新しい材料や裏情報、トレーディングシステムの単発的なシグナルなどに基づいてトレードしていれば、トレードを繰り返すたびに恐怖や不安が増幅していくだろう。それはマーケットの行動や自分の意思決定プロセスをはっきりと定義することができず、次の自分の行動に確信が持てないからである。勝利する方法が分からなければ、失敗を避ける方法も分かるはずはない。そして不安や欲求不満、混乱、恐怖心などが増大していく。毎日のいろいろな情報に翻弄され、今日のマーケットは何をもたらすのかなどと考えていれば、自分をコントロールすることはできない。どのような状況下でも自分は何をすべきかが完全に分かっているトレーダーに対して、マーケットは何をすることもできない。

しかし、自己責任を実行するのはそれほど簡単なことではない。われわれはいわゆる「ミス（間違い）」に対してあまり寛容さがない社会に生きているからである。われわれはミスをするのは悪いことだと教えられて成長してきたし、自分の子供たちに対してもミスは人間の価値を下げるものと教えている。ミスを許さないような社会で子供の責任能力が向上するはずはなく、親たちはそうした子供を無責任であると非難する。

責任を取るというのは自分を容認することである。自分がミスを犯したとき、自分自身をどれほどプラスか、マイナスに考えるかによって自己容認の程度が分かる。そうした自分をマイナスだと思うほど責任回避の傾向は強くなり、ミスに対する恐怖心が強まっていく。一方、自己容認の程度が大きいとそれだけプラス思考となり、恐怖心を増幅させる代わりに経験から多くの教訓を学ぶようになる。つまり、自己容認の大きな人は多くのことを学習するが、それは自分にとって都合の悪い情報を避けることがなくなるからである。

われわれが自分の行動の結果に対してもっと寛容な態度を取っていれば、責任回避の傾向もそれほど強くはならなかっただろう。マーケットで成功するためには、トレーダーはこれまでとはまったく新しい方法で責任を取る必要がある。例えば、自分にお金をもたらしてくれるといったように、自分に何かをしてくれる責任をマーケットに転嫁するような考え方をやめるなどである。というのは、大きなチャンスがあると思って参入した直後に、ホールドしていたポジションをドテンするトレーダーもいるなど、マーケットとは常に変化している流動的な世界であるからだ。

これに対し、一般社会では物事は静止しており、相場の世界ほど激しく頻繁に日常生活が激変することはない。われわれが毎日、目にするビルや木、信号、道路などはまったく同じであり、将来もそこにあり続けるだろう。玄関を出て見る道路が昨夜帰宅したときに見た道路と異なることはない。職場やオフィスに向かうのも毎日見慣れた光景である。これが相場の世界のように毎日の光景が一瞬ごとに変化していったら、そして日常の行動の責任をすべて自分が取らなければならないとしたら、一体どうなるのだろうか。

相場の世界で生き残るには自己責任が不可欠である。正体不明のいろいろなフォースに押し流されているかぎり、自分でトレードする方法を習得することはできない。もしもマーケットの行動が不可解なものに見えるならば、それは自分の行動が不可解である証拠である。そうしたトレーダーは次に何をすべきかが分からず、またいろいろな迷信にとらわれているため、心のなかはいつも混乱と不安、恐怖心でいっぱいである。自分を知るということはマーケットを知ることと同じであるが、それはすべてのトレーダーは相場を動かす集団的なフォースのひとつであるからだ。自らの行動を決定する自分の内なるフォースが分からなければ、集団行動のダイナミズムを理解してそこから利益を得ることはできないだろう。自らの行動を決定して、その責任を取るという自分のなかのフォースを理解してはじめて、集団行動の一員であるほかのトレーダーの行動やその理由が分かるようになる。

自分自身をコントロールできるようになると、一般のトレーダーとは風に流されている木の葉のように、自分の身に起こっていることも分からないということが見えてくるだろう。そうなればあなたはもう木の葉ではなく、もはや群集心理には左右されないレベルに達したのである。こうなれば大衆の行動は手に取るように分かり、彼らの次の行動の先手を打ってそれをうまく利用できるようになる。自己責任を確立するために自らのトレーディングルールを作成することは、マーケットで最後に笑うための第一の条件である。しかし残念なことに、そうした自分のルールを作成したとしても、それを順守するのはそれ以上に難しいのである（第３部では自分のルールの順守を難しくしている心のフォースについて検討する）。

第7章 相場の世界に理由はいらない

この章にこのようなタイトルをつけたのは、もしもトレーダーがマーケットの動きの理由を突き止めたとすれば、それはマーケットの次の行動を予測する手掛かりになると信じるであろうと思ったからである。それと同じように、もしもトレーダーが今の行動の理由を知っていれば、それは将来の行動のベースとなるだろう。しかし、一般トレーダーの行動とその理由には何の関係もない。トレーディングプランを持たない多くのトレーダーは自分の行動の理由が分からないので、彼ら自身とそのトレード結果を関連づけることができない。ほとんどのトレーダーは衝動的に行動し、あとになって自らの行動について理論的な説明を行う。こうした事後の理由付けは、このときのトレーダーの行動や行動しなかったことを正当化するものである。

人々がトレードするのは基本的にお金を儲けるためである。そのためにトレーダーはポジションを建て、一定期間にわたってホールドしたあとにそれを手仕舞う。トレーダーが建玉したり、ポジションを手仕舞えば、そうした行動はひとつのフォースとして相場を変動させる。トレーダーが静観して仕掛けのチャンスを待っていても、それは将来に相場を動かす潜在的なフォースとなる。もしもトレーダーが事前にトレーディングプランを立てれば、そうした将来の行動の理由はほかのトレーダーに相場が向かう方向を予測する手掛かりを与えることになる。もちろん、それにはそうしたトレーダーたちが自分のトレーディングプランや手口を公表することが前提となるが、一貫して利益を上げている数少ないトレーダーがそうすることはほとんどない。

自分のトレード能力に自信があり、相場の変動に大きな影響力を持つ少数のトレーダーたちは、そのトレーディングプランをうまく実行するチャンスが少なくなるので、そうした情報はできるだけ隠しておこうとする。もっとも、いったんポジションを取れば、ほかのトレーダーにも同じ方向のポジションを建てさせることで、相場を自分の有利な方向に持っていこうと意図的に自らの行動を公表することもある。これに対し、自分の行動に自信が持てない一般トレーダーはほかのトレーダーと同じ行動をとることによって、自分のすることに確証を得たいと思っている。自分の行動を事後的に理由付けすることで、あとでトレードミスと分かったときの苦痛を軽減することができるからである。

このように一般トレーダーは魚や牛の群と同じように集団で行動しようとする。その結果、利益のチャンスや損失の原因となるマーケットの同じような状況に身を置くことになる。彼らは一斉に行動してマーケットのバランスを崩すので、相場はある方向に大きく振れてしまう。

こうしたトレーダーの集団は利益を目指してポジションを取り、損切りや利益のチャンスが小さくなったなどの理由から一斉にポジションを手仕舞う。例えば、ローカルズ（自己勘定でトレードする取引所のメンバー）と呼ばれる人たちは目先売買を専門に行い、超短期の小さなサヤを抜こうとするトレーダーである。彼らの動きは素早く、ほとんど同じ行動をとる。一方、コマーシャルズや一般投資家と呼ばれるトレーダーはそれぞれ異なる目的とタイムスパンに基づいてトレードをしている。これらの人々も集団行動をとる傾向があり、同じ時期に参入・退出することでマーケットのバランスを大きく崩してしまう。彼らが参入する局面やその理由などが分かれば、その後の相場の方向を予測することもできるだろう。

われわれはなぜトレードするのか

われわれ人間は常に外部の世界と影響し合い、それぞれ独自の方法で自分を表現しながら生きている。われわれの行動とは自分を表現したものである。われわれは自分のニーズや願望、目標などを実現するために自分を表現し、また食べ物や住居などの生活必需品を含むさまざまなニーズを満たそうとするが、それにはお金が必要である。お金とはわれわれが自己表現する手段ときに、商品やサービスなどを交換する手段である。このように今ではお金が自己表現の手段となっているので、お金を得ることはひとつの大きな目標となっている。われわれ人間のすべての行動とはこうした自己表現の表れであり、今の社会ではどのように自分を表現しようとも、それにはお金が必要である。つまり、現代社会においてお金は自分を自由に表現するための必要条件となっている。

それぞれ独自の方法で自己表現しているわれわれ人間は、極めて複雑な相互依存のシステムを作り上げた。商品やサービスを交換するとき、各個人はそれらの価値について合意しなければならない。私の言う「価値」とは、われわれのニーズを満たすそれらの商品やサービスが持つ相対的な重要性や可能性の程度である。交換される商品やサービスの価格は、基本的な経済原則に基づく需要と供給のバランスによって決まる。これを心理的に見ると、需要と供給の原則とはわれわれ人間の恐怖心と貪欲さに基づいている。そして外部の世界に対する人間のさまざまなニーズが恐怖心や貪欲さを引き起こす。商品やサービスの価格は、そうしたニーズを満たそうとする各個人の能力に対する信念の程度によって形成される。そうした信念とは自分が必要とする商品やサービスを手に入れられるかどうかという認識である。

貪欲さとは欠乏や不安定に基づく信念であり、この二つの心理が恐怖心を引き起こす。私の言う「貪欲さ」とは、自分のニーズを満たすほど十分なものがないとき、または安心感や満足が得られるほど十分に自分のニーズが満たされていないときに生じる心理である。自分の内外でこうした状況が発生すると恐怖心が芽生え、自分のニーズを満たす人々に対して働き掛けが始まる。そうした行動は欠乏感を解消する行動であり、もしも複数の人々が同じ恐怖心を抱けば、それぞれの欠乏感を満たすものをめぐる争奪戦が始まる。

例えば、需要に対する供給が限られると、需要者は少ない供給品を求めて競争する。そのために彼らはもっと多くの手段を交換してもよい（多くのお金を払う）と思う。その反対に需要（ニーズ）に比べて供給が増えると欠乏感による恐怖心は解消し、その手段（お金）をほかのニーズに回したり、その価格が下落するまで待つという行動をとる。各個人の欠乏感や不足感に基づくこうした相互依存のシステムが、人間集団の安心感や不安の程度を反映して商品やサービスの価格を変動させる。自らのニーズを外部に依存している人々にとって、こうした価格の変動は大きな経済的リスクを意味する。リスクとは自らのニーズを満たすときに必要となる手段（お金やエネルギーなど）が不足する可能性である。しかしその一方で、こうした価格変動はそのリスクを喜んで引き受けようとする人々にとっては利益のチャンスを意味する。商品やサービスの価値に対する意見の違いがあるかぎり、その価格は変動し、リスクをとるトレーダーには利益のチャンスを与える。

トレードの定義

「トレード」とは自らのニーズや目的を満たすために、複数の当事者が価値あるものを交換する行為であると定義される。株式や先物取引で言えば、市場参加者は富を蓄積するという目的で、または価格の下落から商品を守るためにトレードに参加する。こうした市場のすべてのトレーダー（投機家またはヘッジャーなど何と呼ばれようとも）たちは、自らの信念に従って利益を上げるためにトレードする。ヘッジャーの動機は価格変動のリスクから商品の価値を守ることにあるが、これも立派な富の蓄積である。

ヘッジャーは価格変動のリスクをほかのトレーダーに引き受けてもらうことで、経済的な安心感を得ようとしている。その反対に位置するのが投機家と呼ばれる人々で、彼らは価格変動のチャンスから利益を得るために喜んでそのリスクを引き受ける。例えば、株式の保有者は、①保有株にはそれ以上の値上がりの可能性はない、②保有リスクに比べて利益のチャンスが小さくなった、③将来の大きな値上がりを期待してとりあえず手仕舞っておこう――などの理由から保有株を売却する。これに対し、株式の購入者はその株式が将来的に値上がりすれば、富が蓄積できると思ってトレードに参加する。

トレーダーの目的はいずれも富の蓄積にあり、そのニーズを満たすことができないとか、損失を予想してトレードする人はいないだろう。このようにすべてのトレーダーは基本的に（勝つという）同じ目標を持っているが、その将来価値について正反対の考えを持つ複数のトレーダーがいなければトレードは成立しない。取引される商品の現在価格とは、買い手と売り手のそのときの考えを反映したものである。二人の当事者がある価格で合意したといっても、その商品の将来価値に対する買い手と売り手の考えは正反対である。例えば、株式保有者はその株式が将来的に値上がりすると思えば売らないだろうが、その可能性が小さいと考えれば売却するだろう。しかし、その株式の買い手はその将来価値について売り手とは正反対の考えを持っている。こうしたことは先物取引ではいっそう顕著に価格に反映される。

学者たちはマーケットは効率的であり、すべてのトレーダーは自らの行動について合理的な理由を持ち、自分の行動とその理由をよく理解していると主張する。一方、マーケットの動きは基本的にランダムであるとして、この効率的市場仮説とは正反対の見方を表明する学者たちもいる。しかし、トレーダーの合理的な行動を特定の方法論や事前のプランに基づいた行動と定義するならば、それを反映したマーケットの行動はまったく合理的ではない。こうした現実を踏まえて、もしもあなたが将来のマーケットの方向を予想したいと思うならば、その動きの理由をあれこれとせんさくしてはならない。その代わりに多くのトレーダーがそのときの欠乏感やトレードミスなどに対する恐怖心から、今のマーケットをどのように見ているのかを読み取ることである。

第8章 成功するトレーダーになるための三つのステップ

このタイトルについて話を進める前に、これまで述べてきた内容を少しおさらいしておこう。相場の世界では自分でトレーディングルールを作り、それを順守する規律が求められるが、相場の渦中に実際に身を置くとこうしたルールが適用できないと思われるような状況に頻繁に直面する。その結果、都合のよい自己解釈や幻想に陥ってしまう。自分の期待を裏付けてくれるようなもっともらしい情報があると、（そうした幻想に正面から向き合うという）苦痛を回避することができる。このように何の制約もない相場の世界では損失リスクという現実から目をそらすと、トレードですべてのお金を失う可能性がある。トレードとはギャンブルのようなものだと思っている人もいるかもしれないが、この二つはまったく違うものである。ギャンブルでは自ら参加して損失を出しても、そのゲームの損失額を自分で決めることはできない。これに対し、相場の世界では自分で損失額を食い止めることができるし、何の対策も講じないとすべての資金を失う可能性もある。

ギャンブルのゲームに参加するとき、あなたはリスクがどの程度のもので、それぞれのゲームは完結していることを知っている。しかし、相場の世界ではどの程度のリスクがあるのかは最後まで分からず、たとえストップ（逆指値注文）を置いたとしても、価格が窓を空けてその水準を飛び越えてしまうこともある。一方、相場には終わりがなく、常に変動しているため、それまでの含み損がトントン、または含み益に変わることもよくある。含み損を取り戻すために積極的に仕掛ける必要もなく、ポジションをそのままホールドするだけで損失を取り戻せるならば、どうして自分で損失を確定する必要があるのだろうか。単にリスクに目をつぶるだけで含み損がなくなるならば、なぜ自ら損切りして大きな苦痛を味わう必要があるのか。

われわれはマーケットの経験を自分で創造している

常に変動している相場の世界では、先の値段よりも安く買えたり、または高く売れるチャンスはいつでもある。トレードを実行するまでの時間の違いを除いて、マーケットは基本的にわれわれに同じチャンスや可能性を与えている。今の価格はチャンスであると考えるトレーダーがいる一方で、先の値段で仕掛けるべきだったと悔しがる人、または今の相場水準はチャンスかもしれないが、トレードミスが怖いので仕掛けられないというトレーダーもいる。このようにマーケットはトレーダーが考えるような状況を作り出しているのではなく、マーケットとは単にそれぞれのトレーダーがそのとき心のなかに描いている状況を映しているにすぎない。

今の局面をチャンスであると考えても出動しない、または今がチャンスかどうかはもう少し時間がたたないと分からないと考えるのは、自分の心のあり方を直接反映したものである。それぞれのトレーダーは自分で相場の動きに意味を付与しているのである。例えば、客観的に相場が一ティック上昇したということはすべてのトレーダーにとって明らかな事実ではあるが、空売りしているトレーダーにとっては最終的な敗北、これ以上上がらないだろうと考えるトレーダーにとっては手仕舞い売りのチャンス、自ら設けた抵抗圏をブレイクしたと考えるトレーダーにとっては買いのチャンスを意味する。

マーケットは各トレーダーがその値動きや局面に付与する意味を選ぶこともないし、選ぶ方法も持っていない。例えば、あなたが今の価格は高すぎると考えて空売りしたが、その後に価格は予想どおりに下がったものの、そのあとに急反発した。そしてあっという間に売値を突き抜け、高値でしばらく揉み合ったあと、少し押したとしよう。この水準は空売りポジションを手仕舞って、ドテンをするチャンスなのだろうか。それをしないとすれば、何がその行動を引き止めているのだろうか。その答えはあなたのなかにある。もしも相場のこうした動きにため息をつき、万事休すだと思いながら、自分が間違っていたことを認めるのか、それともそうした自分と正面から向き合おうとしないのか、その答えもやはりあなたのなかにある。（自分の心のあり方に照らして）①ここでストップを入れる、②これ以上リスクをとるべきではないと判断してポジションを手仕舞う、③ドテンして積極的に利益を追求する――このどれを選択するのかはあなたの心のあり方によって決まる。

あなたに見えるマーケットとは、実際にはあなたが自分の心のなかで創造しているマーケットである。そしてさまざまな選択肢や可能性のなかからひとつの道を選んでいる。トレードで負けたのも、（注目する情報とそれに基づく行動を決定した）自分の心のあり方によってそうなったのである。損失を確定する方法（損失に対する考え）も自分の心のあり方を反映している。自分の考えがマーケット情報を認識するときに投影され、注目する情報とそれによる行動を決定したのである。情報はマーケットからやって来るが、マーケットは各トレーダーのこうした情報認識プロセスとは何の関係もない。

相場の世界ではトレーダーの決断結果は直ちに明らかになり、トレーダーは自分の心を変えること以外には何もできない。トレードから満足すべき結果が得られるかどうかは、そのトレーダーがどれくらい柔軟な心を持っているのかによって決まる。柔軟な心とは相場の流れに乗る、つまりマーケットと調和しようという気持ちである。マーケットのいろいろな行動に適応していかないと、マーケットはあなたにとってジキル博士とハイド氏のような存在となる。優しくほほ笑みかけたと思ったら、今度は有り金すべてを奪おうとする怪物となる。しかし、マーケットのこうした二面性とは単にあなた自身の心に柔軟性がないこと（すなわち、相場の流れに乗れず、自分自身をよく理解していないこと）を反映しているにすぎない。いろいろな選択肢のなかからひとつの可能性を選んだのは自分であり、損失を出したのも自分の心のあり方がそうさせたのである。

われわれはマーケットのすることを変えることはできない。そう、そんなことはだれもできない。それは機関投資家でも、証券会社でも、アルゴリズムでも、ウォーレン・バフェットでさえできることではない。彼らは巨大なポジションを保有しているので、ある方向の動きに影響を与えるかもしれないが、相場の動向や今後の動きを変えることなどできない。なぜなら、ほかのトレーダーが何を考えているかなんて、だれも知らないからだ。われわれにできることは、できるだけ客観的にマーケットの次の行動が分かるように自分自身を変えることだけである。トレーダーとしてのあなたはマーケットで次に何が起こるのかを知りたいだろうが、そのためにはマーケットで起こる可能性が最も高いことを読み取れるように、心をオープンにしておくことである。自分ではコントロールできないマーケットの次の行動を知りたいと思うのは論理的に矛盾しているようであるが、それでも心を固く閉ざしていれば、極めて限られた可能性しかないことは事実である。

こうした矛盾が起きるのは自分の心の性質を理解していないこと、それがマーケット情報の認識範囲を大きく狭めていることによる。トレードを仕掛けるとき、あなたは将来について何らかの考えを持っているだろうが、実現したいと思う欲求や期待から自分を解放することが大切である。つまり、トレードをしていないような視点に立って、今のマーケットに存在するチャンスや可能性に目を向けるのである。

われわれはあらゆるものを同時に見ることはできないので、どの情報を選択するのかを自分で決定しなければならない。しかし、自分の信念を正当化するようなマーケット情報だけを選択すれば、その結果はかなりまずいものになるだろう。相場の流れとマーケットの将来の方向を示唆するような情報を締め出すことになるからだ。そうなれば広いタイムフレームという大局観の視点は大きく狭められる。

われわれはマーケットの動きをコントロールすることはできないが、できるだけ客観的にマーケットの行動を見ることはできる。それができるようになれば、マーケットはいつ仕掛けていつ手仕舞うのかというヒントを示唆してくれるだろう。自分の信念を正当化するためにマーケットの情報を選択するのではなく、そのときに最も起こる可能性のあることを予想してトレードに臨むべきである。心の世界に目を向ければ自分を変える方法も分かるようになるし、客観的な視点でマーケットを見ることができれば、直観によるトレードも可能になるだろう（これについては第9章～第14章で検討する）。

以下ではマーケットで効果的に行動できるように、自分を一歩ずつ変えていくプロセスについて説明する。このプロセスとは自分の考えを少しずつ自分の目標に近づけるためのものである。このプロセスは次の三つの段階から成っている。最初は既に述べたように、われわれは自分の信念や考え、目的などに基づいて、心のなかにマーケットを創造していることを理解する。

次にトレードの結果とは、以下の三つの主要な面におけるスキルの程度を反映していることを知ることである。それらの三つのスキルとは、①チャンスを認識する能力、②トレードを実行する能力、③トレードでコンスタントに利益を累積できる能力――である。

チャンスを認識する

チャンスを認識するとはマーケットの行動を深く洞察することであり、それはチャンスの数と質の両面で予測することである。そのためには客観的な視点から最も可能性の高いチャンスをとらえる、すなわちそれぞれのチャンスが実現する確率を中立的な観点から評価することである。

チャンスの質を判断するというのは、広い視野に立ってマーケットを見ることであるが、そのためには大きなタイムフレームに立ってマーケットの行動を予測する。こうしたプロセスにおいては、次の二つの条件を満たさなければならない。

- ●規律正しいトレーディングアプローチを確立する
- ●心に蓄積された苦いトレード経験のマイナスのエネルギーから自分を解放する

規律正しいトレーディングアプローチとは、一般社会のように自分の行動を制限したり、コントロールする外部の制約がまったくないマーケットで効果的に行動するため、自己信頼を向上していくことである。自己規律のない状態で相場に臨めば、自らの衝動に翻弄され、自分をコントロールすることはできない。そして自己規律による自己信頼がなければ、自分が次にどのように行動したらよいのか分からないという恐怖心にとらわれるだろう。こうした恐怖心がマーケットに投影されると支離滅裂な行動として表れるが、それは自分が最も恐れている自らの姿である。

自分の行動を理解できないでマーケットの行動を理解しようというのは無理な相談であり、自らの行動を理解するには、マーケット情報を認識するとき恐怖心がどのような影響を及ぼしているのかを知らなければならない。まず最初に、恐怖心は自分にとって有利または不利となるようなマーケット情報を認識することを大きく妨げる。マーケットが自分に何をもたらすのかといつも心配し、相場の流れやその局面を冷静に見られないような状態で、マーケットの次の行動を予想することができるだろうか。どのような局面でも適切に行動できるほど自分を信頼していれば、マーケットはあなたに何もすることはできない。トレードで成功するには自己信頼が不可欠である。一方、恐怖心は大局観が求められる局面でもマーケットの行動を予測することを妨げる。このように恐怖心がトレードに及ぼすいろいろな悪影響を十分に理解し、それを克服しなければ、マーケット情報に対する大衆の反応を事前に予想することもできないだろう。

健全な心の視点と規律正しいスタンスでトレードに臨まないと、大きな心理的ダメージを被ることになる。心理的ダメージとは恐怖を引き起こす心の状態であり、（マーケットは怖いといったような）心の世界に蓄積されたマイナスのエネルギーは、それに見合った程度の恐怖心を引き起こす。したがって、そうしたマイナスのエネルギーから自分を解放しないと恐怖心は解消しないし、心をオープンにしておかないとマーケットの動きを広い視点から見ることもできないだろう。逆に言えば、心をオープンにしていれば、恐怖心によって視野が狭められることもなくなる。苦痛を回避することばかりを考えないで、マーケットが語りかけてくることに耳を傾けよう。恐怖心から自分を解放する方法が分かれば、マーケットとの新しい関係を創造的に考えることもできるだろう。それができれば、どのようなマーケットの局面にも適切に対処できる自分に自信が持てるようになるだろう。

トレードを実行する

トレードを実行する能力とは、恐怖心を持たないでトレードができるか（逆に言えば、トレードに際してどれだけ恐怖心を抱いているのか）とも言い換えることができる。恐怖心はマーケットが怖いと思う心から生まれる。それでは本当にマーケットとは怖い存在なのだろうか。

どのような局面でも適切に行動できるほど自分に対する信頼と自信があれば、そんなことはまったくない。実際には本当に怖いのはマーケットではなく、必要なときに必要なことを迷わずに実行できない自分自身である。マーケットと向き合うとき、恐怖心は心の苦痛をもたらす原因となるが、そうした苦痛とは次にすべきことが分からず、自分の期待や意図しない結果を招いたときに生じる。相場の世界ではトレードをしようがしまいがまったく自由であり、たとえ自分が無知または完全に無力であっても、マーケットは自分が受け入れられないことをもたらすことはけっしてない。

トレーダーが抱く恐怖心の最も大きな悪影響は、まったく行動できなくなることである。絶好のチャンスだと分かっていても速やかにトレードを実行できなければ、それは何の意味もない。その原因は心に蓄積された苦いトレード経験の苦痛から自分を解放することができず、あらゆる局面で適切に行動できるほど自分を信頼できないことにある。それができるようになれば、もはや恐怖心でトレードが実行できないということもなくなるだろう。

利益を蓄積する

トレードで利益を上げたり、または一連のトレードで利益を累積するには自己評価を向上することである。自己評価はトレードで成功するための必要条件であり、トレードの結果を大きく左右する。自己評価の程度とはその時点やそのタイムフレームに存在する最も大きな可能性のなかから、どれだけのお金を引き出せるのかを意味する（マーケットがあなたにお金を与えるのではない。利益のチャンスを認識し、トレードを実行するという自らの能力によって、あなた自身がお金を引き寄せるのである）。どれほど深くマーケットの行動を理解し、または何を意図していようとも、あなた自身が引き寄せる金額とは自己評価の程度に見合ったものである。

もしも自分の物差しに照らして今がチャンスだと思ったり、または絶好のチャンスの局面でトレードを実行しなかったとすれば、何がそうさせたのだろうか。思うにその原因は次の二つしかないだろう。失敗を恐れて行動できなかった、それとも自分はその利益に値しないのではないかと心のなかで葛藤していた――のどちらかである。そうでなければ、自分の信念に基づいてきちんと行動していたはずである。

自己容認（自分を受け入れること）

次に大切な心のあり方とは自己容認であり、それには自己変革と自己成長、新しいスキルの習得などが必要条件となる。新しいスキルの習得や新しい方法で自分を表現しようというのは、新しい次元の自分を創造しようという試みである。それは将来の目標に自分を投影することである。マーケットとは常に内なる自分と向き合わなければならない場である。内なる自分とは具体的に自信と恐怖、利益のチャンスと損失の可能性、自制心と自分を抑制できない貪欲さ、客観性と幻想などが混在している世界であり、マーケットとはそれらを生み出すのではなく、そうした心の状態を反映したものである。

新しい自分を表現する（成功するトレーダーになるという目標を達成する）には、マイナスの心の状態（恐怖・損失・貪欲さ・幻想など）とそれを生み出す心のあり方を受け入れることである。それらを受け入れようとする心が、そうした心理状態を克服する第一歩となる。このことについてもっと詳しく知りたい方は、この分野のコーチングをしているポーラ・ウエッブにまで問い合わせてほしい。

こうした自己容認（自分を受け入れること）の一例として、自分のトレーディングスタイルを変えたいと私に助言を求めてきたひとりのフロアトレーダーのケースを紹介しよう。彼は最初にトレードを始めたとき、スキャルピング（小さな値動きの利ザヤを稼ぐこと）が最も簡単にお金を儲けられる方法だと思った。しかし、まもなく債券トレードで一～二ティックの利ザヤを稼ぐのは、競争相手が多いことなどからとても疲れることが分かった。そこでトレードの保有期間を少し長く取って、もっと大きな利益を確保しようと決心した。

そのためにわれわれが最初に着手したのは、新しいトレーディングプランを作ることだった。われわれは単純なテクニックとして、七～一〇ティックのレンジから成る一日の支持圏・抵抗圏を設け、債券価格がこの水準に来たときに仕掛け（支持圏で買い、抵抗圏で売る）、目標値に達したときに手仕舞うという戦略を立てた。もしも仕掛けたあとに価格がそこから二～三ティック逆行したときは、迷わずに損切りする。この支持圏・抵抗圏はかなり信頼性が高いので、たとえ思惑が外れても二～三ティックの損失で済むとわれわれは考えた。

この新しいトレーディングプランを実行した最初の日、彼は価格が仕掛け値まで来るのをじっと待っていた。ところが、そのチャンスが来ても彼は出動しなかった。支持圏で買うことになっていたが、彼は価格がさらに下落すると思われたので買わなかったという。債券価格はそこで反発して目標買値から二～三ティック上げたが、そこで彼は一枚だけ買った。目標買値から一〇ティック上げたところに抵抗圏があり、価格がそこに達するまで待つことになっていたが、今の価格はそこから七ティック高いところにあった。彼は価格がこの目標値まで上げるのを待たずに、二ティックの利益のところでポジションを手仕舞った。しばらくして債券価格はこの抵抗圏に達したが、このときも彼は価格がさらに上昇すると思って売りを見送った。そして目標売値から三ティック安いところで売りを入れ、またもや価格が支持圏まで下げるのを待たずに、わずか一ティックの利益のところでポジションを手仕舞った。

われわれがあとでこの日のトレードについて話し合ったとき、彼は自分にとても腹を立てていた。それは自分がすべきことを実行しなかったからである。目標の買値で買わず、目標の売値で売らなかったので、数ティックをマーケットに残しておく結果となった。トレードを実行しなかったことによる利益の取り逃がし額は二～三ティックだったが、彼は勝ち急ぐあまり利益目標まで待てなかった。これまでのトレードであまりにも深い傷を負っていたので、ポジションを持ちこたえることができなかったのである。

しかし、こうした過去のマイナスの経験は、そのときのマーケットの行動や新しいトレード戦略の成否とは何の関係もない。彼がそうした行動をとった根本的な原因は、自分の今のトレーディングスキルのレベルを受け入れることができなかったことにある。自分の行動に腹が立ったのは、今の自分のスキルレベルとトレードの結果に満足できなかったからである。トレード初日の結果はプラスとなったが、彼にとってこの日の結果はけっしてプラスの経験ではなかった。彼が自分を受け入れないかぎり、将来もトレードで勝つことはできないだろう。彼はさらに深い穴に陥る可能性があり、そこから脱出しないかぎり、トレードで成功することはできない。

時間がたてば彼も成功確率の高いチャンスを見つける能力をつけて、すべてのトレードで利益を出せるようになるかもしれない。しかし、依然として一～二ティックの利益にとどまり、数ティックをマーケットに残しておくようなことを繰り返していれば、自分自身に対する彼の立腹はけっして収まることがないだろう。いっそう残念なことは、彼は何回もその日の安値を買い、高値を売っていたことである。もちろん、彼はそのときはそこが安値・高値であることは分からなかったが、あとから振り返るとそれほど大きなチャンスのところで出動しても、結果的にわずか一～二ティックの利益しか取れなかったのである。

　彼は自分がすべきことをしなかった理由をマーケットのせいにし、それに対する私の助言にも次第に耳を傾けなくなったので、彼の内部にはプレッシャーが大きく蓄積していった。そうした口実をつくるのは彼が自分の望む自分と比較して、現実の自分を受け入れることができなかったからである。彼が自分の望むような自分になるためには、寛容な心で今の自分を受け入れる、すなわちこれまでに間違いやトレードミスを犯した自分を許さなければならない。しかし、彼が自分よりも劣っていると考えるほかの人々に対して不寛容な態度を取っているかぎり、そうした自分を受け入れることは難しいだろう。換言すれば、彼が自分自身にもっと寛容になれば、自分よりものみ込みの悪い人々に対して偏狭で不寛容な態度を取ることもなくなるだろう。

　その後しばらくは彼から連絡はなかったが、私は彼が相変わらず同じことをしていると思った。相場の引けたある日のこと、彼は久しぶりに電話をよこし、二〇枚のポジションでトレードを始めたと述べた。話を聞くと、やはり相変わらず一～二ティックの利益にとどまっていることを除いて、彼のトレードに何も変わったことはなかった。電話ではっきりとは言わなかったが、私はおそらく彼がそのうち大負けするだろうと思った。彼は心のなかで大きなポジションを取って大勝ちすれば、成功するトレーダーになるという最終目標とマーケットなど怖くはないという自分を自分自身だけでなく、ほかの人々にも証明することができると考えたのであろう。こうした彼の気持ちを逆なでしたくはなかったが、二〇枚というポジションでトレードするのは、今の彼のスキルレベルと心のあり方から見て無謀であると忠告したが、彼はぶつぶつ言いながら電話を切ってしまった。

翌日、彼が二〇枚のポジションでトレードして三〇〇〇ドルの損失を出したことを知った。彼はこれまで三週間近くにわたり、こつこつと稼いできたすべての利益とそれ以上のお金をマーケットに返してしまった。それまでの彼は少しは自分を受け入れようとする心と、少ない利益でも連勝できるトレーディングプランを持っていたのに、こうした結果となったのは本当に残念なことである。

次に自己容認というものを知っていたトレーダーの例を紹介しよう。このトレーダーは地元の証券会社に勤務し、金融機関のヘッジポジションを管理する一方、自己勘定のトレードもしていた。彼とはほぼ三年来の知り合いで、ほぼ毎日顔を合わせていた。ある日彼は私に電話をかけてよこし、その日の最後のトレードでポジションをドテンしたと話した。何の迷いもなく損切りしたあと、それまでの売りから買いにポジションを転換したと語った。そのときに心の葛藤や抵抗、精神的な苦痛もなかったこと、すべきことができたことに彼は満足していた。しかし、彼がポジションをドテンした直後に、同じ会社の同僚で顧客注文を執行していたフロアトレーダーのひとりがフロアから電話で、その買いポジションは手仕舞うべきだと彼に忠告した。

彼は以前からほかの人の相場観は気にしないと決めていた。マーケットの豊富な知識を持っていた彼は、利益のチャンスをとらえ、相場の方向を予測する自分の能力を心から信じていた。少なくとも彼は自分自身を信じていると思っていた。彼はその電話を受け取ったあと、自分がそのフロアトレーダーの言うことに影響されたことを認めつつ、買いポジションを手仕舞った。それから一〇分もたたないうちに（債券）価格は一五ティック上昇したが、それは彼が買いポジションにドテンしたときに予想していた状況だった。同僚の相場観に影響された彼は一五ティックをマーケットにくれてやったが、この経験をトレードミスとは考えなかった。まだ他人の意見に左右される自分に対する貴重な教訓としたのである。

そうした局面でもまだあきらめなかった彼は、けっしてチャンスを逃したわけではなかった。心理的にそうしたチャンスを物にする準備ができていなかっただけである。もしも心の準備ができていたら、彼は他人の相場観は自分の予想よりも客観的ではないと確信しながら、当初のスタンスを堅持していただろう。さらにこれまで蓄積してきた彼のトレーディングスキルのレベルを考えると、ほかの人の相場観はそれほど当てにならなかっただろう。

もしもあなたが自分を受け入れるという強い信念を持っていれば、それはマーケットに反映されるし、そのときにすべきことを告げる情報がマーケットから聞こえてくるだろう。マーケットとはそのときのあなたのスキルレベルと自己評価の程度を直接反映したものである。あなたのトレード結果とはそのときのマーケットの状況を深く洞察し、それに基づいて行動する能力を表しているからである。このことについてさらに詳しいことを知りたい方は、トレーダーとともにこの分野で幅広く業務を行ってきたポーラ・ウエッブまで問い合わせてほしい。

　そのときのマーケットにうまく適応し、トレードによってそれを実行する力がつけば、自分のトレード結果も抵抗なく受け入れられるだろう。そのときのマーケットを受け入れる（自分を受け入れる）ことができないというのは、マーケットからの情報を自ら拒否していることである。自分のスキルレベルを反映したマーケットの情報を拒否すれば、そこにはもはや成長もレベルアップも期待できない。そしてマーケットと自分自身に対する幻想から脱却しなければ、有効なトレーディングスキルを習得することもできないだろう。自分の本当のスタート地点が分からなければ、スキル向上に向けた次の一歩を踏み出すことも難しい。自己変革の最も大切な条件は、マーケットの現状を受け入れる考え方や避けたい情報を阻止しているマイナスの信念をはっきりと認識したうえで、自己実現の方法を示唆してくれるマーケット情報を読み取ることである。

第3部

自分を理解するための心のあり方

この本の冒頭で、本書が相場の世界に自分を徐々に適応するためのガイドブックであると述べた。このプロセスの最初の一歩は、その必要性をよく認識することである。マーケットを自分のニーズに見合うようにコントロールできなければ、自分自身をマーケットに適応するしかない。マーケットはわれわれが自分をどのように表現するのかについて何の制限や制約も加えることはなく、その意味でわれわれはこの相場の世界では何をしてもかまわない。第2部の主な目的は、相場の世界とわれわれが生活している一般社会との大きな相違点を明らかにすることだった。

マーケットに自分を適応するための次のステップは以下の二つである。

●この相場の世界で成功するために自己変革の必要性を明確に認識する
●そうした心のあり方を変える方法を学ぶ

イスを自分の座りたい場所に移すことなど、物理的な環境を変えることはそれほど難しくはない。しかし、自分の力ではどうにも変えようのないマーケットで効果的に行動するには、われわれの心の世界というものをよく理解する必要がある。そうした自己変革のプロセスは次の二つに分けられる。最初はマーケットが突き付けてくるいろいろな変化にうまく適応するために心のスキルを養うことであり、それには一般社会で広く受け入れられている考え方を捨てなければならない。次に過去のトレード経験で被った心理的ダメージを克服する必要があるが、それはそうした心の苦痛がトレードの適切な実行を大きく妨げるからである。

このように自己変革の必要性とその方法にはいくつかのプロセスがあり、以下の六つの章ではそれらについて順を追って説明していく。あなたが最初にすべきことは、心の世界を形成している構成要素をはっきりと理解することである。

そのためには、以下のことが必要である。

●自分の行動を理解する
●心の世界をマーケットと自分の目標に一致させるための方法を学ぶ
●心の世界と外部の世界の関係を正しく認識する

この二つの世界の関係を正しく認識するというのは、われわれの目標、意思、期待、ニーズ、願望などはすべて心の世界を形成している構成要素であり、それらは外部の世界に投影されるからである。もっと正確に言うと、心の世界に存在するすべての構成要素は外部の世界に顕在化することもあれば、そうでないこともある。われわれはマーケット情報を歪曲化してこうした心の構成要素と一致させようとする傾向があるので、（特にトレーダーは）このことをよく理解しておくべきだ。マーケットからの情報を歪曲化すれば、結果的には心の苦痛や心理的なダメージを被るからである。心の世界を形成するそうした構成要素にあえて目を向けなくても、外部の世界で見たり経験したことを通して、心のなかにあるそれらの存在を認識することはできる。そして自分の信念と経験を関連づけることができれば、信念を変えれば自分が経験することも変わってくることを理解するのはそれほど難しいことではない。

以下では心の世界の特徴と、それが外部情報を選別するシステムとしてどのように機能しているのかについて検討する。さらにマーケットに対するわれわれの考え方、マーケットの次の行動を予想する方法、マーケット情報をどのように識別するのかなどについても説明する。それによってわれわれがマーケットの行動をどれほど色眼鏡で見ているか、またはどのようにマーケット情報を歪曲化しているかなどが明らかになるだろう。

また、恐怖心がわれわれの選択肢をどのように狭めているのかについても言及する（このことについては、ポーラ・ウエッブ著『サクセス・ウィズアウト・フィアア』を参照してほしい）。トレーダーの行動を支配している大きなフォース（力）は、チャンスを取り逃すのではないか、または損失を出すのではないかといった恐怖心である。マーケットの次の行動を知りたいと思うならば、その前に自分の行動を支配している根本的なフォースと、マーケットからの情報にどのような対処するのかを知らなければならない。

マーケットに対する恐怖心がどれほどトレードに大きな影響を及ぼしているのかをよく理解し、そうした恐怖心から解放されるならば、あなたはいわゆる「大衆」から離れることができるだろう。そうなれば、自分の行動を支配しているフォースについての理解も深まり、かつては自分もその一員だった大衆という大きなトレーダー集団の次の行動を予想することもそれほど難しくはないだろう。つまり、大衆とは一線を画したところからこれらのトレーダーの行動を客観的に観察できるようになるが、それは恐怖心に支配された心の状態からすでに脱却した証拠である。

自分の考えが外部の情報と影響し合って自らの経験を作っていることを理解し、さらに自分の願望とマーケットが自らについて語っていることの違いを区別できるようになれば、マーケットの次の動きも予想できるだろう。そのように心の目がフレキシブルになれば、マーケットの流れを読んだり、躊躇することなくトレードを実行することもできるだろう。われわれはマーケットの行動を変えたり、コントロールすることはできず、できることといえば自分を変えることだけである。自分を変えるには、外部の世界に投影される自分の心の世界をよく理解することから始めなければならない。

第9章 心の世界を理解する

自分の心の世界を知るのは思っているほど簡単ではない。しかし、以下では心の世界とその構成要素の一般的な特徴、それらの働きなどについて詳しく説明していこう。それらの理解がなぜ難しいのかといえば、それは私たちが小さいときからそうしたことを教えられてこなかったからである。その反対にわれわれは心の世界とは理解できない不思議なものと教えられてきた。その結果、われわれは心の構成要素の相互関係、それらと外部の世界との関係などをよく理解しないで成長してきた。もしもあなたがトレーダーとしてマーケットで効果的に行動するため、意識的に自己変革したり、またはマーケットにうまく適応したいのであれば、心の構成要素の特徴とその働きについて理解しなければならない。以下で説明するように、われわれの心の世界と実際に生活している外部の世界には大きな違いがあり、自己変革を進めるうえで両者の違いを理解することは不可欠である。

身近な例として、あなたが今読んでいる本はあなたの外部に存在しているが、その本のタイトル（その本の内容について感じたこと）や感想などはすべてあなたの心のなかで起こったことである。あなたの心で起こったそうしたすべてのことが心の世界を構成している。つまり、その本を読むという経験や感想、いろいろな考えとそれに付与された心のエネルギー、ニーズ、願望、期待、目標などのすべてが心の世界を形成している。

しかし、心の世界と外部の世界の特徴について説明する前に、両者の共通する性質について話しておこう。この二つの世界はそれぞれ独立した多くの機能部分で構成され（心の世界では「領域」と言ったほうが適切かもしれない）、それらが協力して全体を形成している。これはちょうど身体の内部にある各器官はそれぞれ別個の働きをする細胞で作られ、それらは互いに協力しながら独立した働きをしていることと同じである（これらの器官の総体がわれわれの身体である）。例えば、目・耳・肺は身体全体のなかでそれぞれ別個の働きをしている独立した器官である。これと同じように心の世界も相互に協力しながら、それぞれ独立した働きをする領域で構成されている。例えば、信念は夢でも感情でもない。信念、夢、感情などは心の世界を形成するそれぞれ別個の領域であるが、手と耳、指と鼻、肺と心臓などの関係と同じように相互に影響し合っている。こうしたいろいろな働きをする各領域が心の世界を形成している、ということを知っている人はそれほど多くはない。

以下の五つの章で説明する心の世界の主な構成要素とは次のようなものである。

●プラスの感情──愛、幸福、喜び、自信、平和、許容心など
●マイナスの感情──恐怖、怒り、憎しみ、ねたみ、失望、混乱、いらだち、ストレス、不安、裏切りなど
●幻想──否定、合理化（合理的な解釈）、正当化、歪曲化など
●信念
●意思──目標、向上心
●期待──欲求、願望、希望
●ニーズ
●夢──夜見る夢、白昼夢（空想）
●考え
●魅力
●記憶
●想像力
●直観

これらは心の世界の主な構成要素や領域であり、本書の目的にとってはこれで十分であろう。大切なことは成功したいトレーダーが自分を変革するために、これらの構成要素がどのように

相互に影響し合っているのかを理解することである。

心の世界とは何か

私は心の世界を、物理的世界からもたらされるすべての知覚情報（目・耳・鼻・味覚・触覚などにフォースとして作用する情報）が選別・分類・名称付け・連想・保管されている場所と定義する。そうした情報はわれわれの信念を形成し、それぞれの意味が付与される。このように心の世界とは外部の世界で経験したことがその性質に応じていろいろな信念として蓄積されている場所である。こうした定義については次の二点について注意が必要である。そのひとつは外部情報との相互影響ということ以外に、われわれの内部で起こる心の活動については考慮していないことである。もうひとつの留意点は、心の世界の活動は生物学的には脳で行われているにもかかわらず、脳を心の世界の領域には含めなかったことである（これらの点についてはあとで説明する）。

心の世界の構成要素は形がなく、見たり、聞いたり、触れたり、味わったり、においをかぐこともできない。例えば、脳組織を手術する外科医は患者が信念、考え、夢、記憶などを持っていることは知っているが、それらを見ることはできない。生化学者はＤＮＡ（デオキシリボ核酸）を発見したが、身体組織を分子レベルまでいくら詳しく分析しても、心の世界の構成要素を見つけだすことはできない。しかし、われわれはその人の信念や考えがその行動を通して、外部の世界で顕在化されるのを見ることによってそれらの存在を知ることができる。

それならば、そうした形のない心の世界の構成要素はどのように存在しているのだろうか。それは（質量のない）エネルギーという形で存在している。例えば、光は物体を（に）貫通・反射するが、別のものに変換されることはない。一方、原子と分子で構成される物体はそれらが入れ替わることで別のものに変換される。科学者たちは長い間、原子が物質の最小単位であると信じていたが、その後に原子のなかにエネルギーが存在することを発見した。しかし、科学者たちがまだ知らないことのひとつは、質量のないもの（原子のなかのエネルギー）が質量を持つもの（原子）に変換される、すなわち、非物質的なエネルギーが物質的なものに変わるということである。アルバート・アインシュタインは物質の定義について質問されたとき、「物質とはわれわれが五感を通して知覚するエネルギーである」と述べている。

これを原子レベルで説明すると次のようになる。例えば、あなたが読んでいる本と座っているイスはあなたの感覚では物体のように見えるが、実際にはそうではない。われわれの感覚は（一定の距離を置いて回転している）原子レベルで存在している物体を知覚することはできない。すべての物質は最も深いレベルでは原子内部のエネルギーとして存在しているが、光や電気のようにすべてのエネルギーが物質として存在しているわけではない。一般に心のエネルギーは信念、感情、記憶などの無形のものとして存在し、われわれの行動を起こすフォースとして作用し、最終的には外部の物理的世界で顕在化する。例えば、信念や感情などの心のエネルギーはテレビのチャンネルを変えるためにあなたに部屋を歩くように促すが、それはあなたが別の番組のほうがおもしろそうだと思ったからである。これと同じように、例えば株式を購入するのもそれで利益が出そうだと思ったからであり、人々が戦場に行くのもそれが平和につながる道だと信じたからである。人々のこうした行動や外部の世界に対する働き掛けは、心のエネルギーが外部の世界で顕在化した結果である。

経験とは何か

われわれはこの物理的な世界を五感を通して経験している。このことをもっと根元的なレベルで考えてみると、外部の世界で経験したことが心の世界に入ってきたとき、何が起きているのだろうか。物理的な世界でわれわれが見たり、聞いたり、触れたり、味わったり、においをかいだものはエネルギーという電気信号に変換され、神経線維を通じて脳に送られる。すなわち、外部世界における有形の経験は無形の電気エネルギーに変換されるが、日常生活（物理的な世界）の有形の経験はそうした経験を取り込む心の世界とはその特徴や性質が大きく異なっている。

われわれの経験（外部世界の情報）が電気エネルギーに変換されるということを、電話やコンピューターなどのテクノロジーを例に取って説明しよう。コンピューターは情報や音声、画像などをいろいろなメディアによって保管し、また電話も音声・画像などを電気や光、またはマイクロ波などによって送っている。このように日常生活で使う機器にも知覚情報（有形の経験）を電気に変換し、それをこのような形で保管・送信しているケースは数多く見られる。われわれが外部の世界で経験したことはすべて、非物質的で無形の実体として心の世界に保管される（原子と分子で構成されないエネルギーは、非物質的な実体として存在していると言えよう）。

有形の物質的な実体として存在する脳は、心の世界の構成要素には含めないと先に指摘したが、それは心の世界が有形の実体としては存在していないからである（信念・感情・記憶などの形を取るエネルギーは、経験によって知覚する物理的世界の性質に関するものである）。脳と心の世界のこうした違いを理解するには、脳を電気プラグでは差し込めないコンピューターにたとえると分かりやすいだろう。このたとえによれば、心の世界はコンピューターが送ったり保管したりするいろいろな情報の電気エネルギーに、コンピューターのハード（原子と分子で構成される物質的な実体）は脳に相当する。私が本章の初めで言及した、心の世界と外部の世界の大きな違いというのはこうしたことである。心の世界のあらゆる構成要素は無形のエネルギーという形で存在し、その働きの特徴や性質もエネルギーのそれと似ている。したがって心の世界を理解するには、エネルギーの性質や特徴を理解する必要がある。以下ではこの種の代表的なエネルギーである光や電気の性質について説明したあと、心の世界と物理的世界の類似点に触れながら、心の世界の特徴を明らかにしていく。最後にこれまで検討したすべての内容をまとめ、マーケットで効果的にトレードする方法について実践的に説明していくつもりである。

心の世界とエネルギーの類似する特徴と性質

次元のないエネルギー

エネルギーは物理的世界では場所を持たず、また場所を持つものに変換されることもない。エネルギーのこうした場所を持たない性質から、エネルギーには次元がないと言える。すなわち、場所を持たないものには縦・横・幅・周囲などの有形の次元がない。こうした無次元というエネルギーの性質は、おそらく最も分かりにくいコンセプトのひとつであろう。というのは、エネルギーには次元がなくても、それは目に見えるからである。一般に目に見えるものには測定できる次元があるので、目に見えるエネルギーには次元がないと言うのは矛盾していると思われるだろう。

エネルギーのこうした性質については、ホログラムやホログラフィーで撮影した画像などで説明すると分かりやすいだろう。ホログラムとは三次元の光の画像で、目で見える空間に投影され、そこには測定できる縦・横・幅・周囲などもある。しかし、ホログラムには少なくとも物質的な実体というものがないので、その画像に手を当てると通り抜けてしまう。このように物理的な意味ではホログラムに次元はない。

（心の目で見る夜の夢や白昼夢などの）記憶や心象なども物質的実体のないホログラムのようなもので、そこには距離や次元がない。心の世界に比べると、身体的な脳の領域はかなり狭い。われわれはどのような大きさの心象も心に描くことができるが、それにはエネルギーと同じく物質的な実体はなく、したがってそれには場所も次元もない。例えば、目を閉じて夏休みに行った旅行のことを思い出してみよう。旅行した場所、泊まったところ、そこから移動した別の場所など何でもかまわない。または自宅のイスから立ち上がって旅行の準備に取りかかったこと、車に乗り込んで目的地まで向かったことなど、この前の夏休みに行った旅行の思い出がいろいろと心に浮かんでくるだろう。物理的な世界では時間をかけて実際に移動しなければならないが、心象の世界では目的地に瞬時に移動することができる。今いるところと旅行で行った場所の間には物理的な距離はまったくない。一方、夢もこうした無次元の世界である。夢の世界は多様かつ無限であり、ある場所から別の場所に瞬時に移動できる。例えば、自宅の地下室にいたと思えば瞬時に居間に移動するなど、地下の階段を上り、いくつかの部屋を歩いて居間にたどり着く必要はまったくない。

スピード

心の世界がエネルギーと類似している二番目の特徴はスピードである。エネルギーはものすごいスピードで伝わる。例えば、光は秒速約三〇万キロメートルで移動し、これは一秒間に地球をほぼ八周するスピードである。こうした光のスピードはわれわれの感覚では瞬時または同時のように見える。つまり、われわれの感覚ではその動きを感知することができない。われわれは光を見ることはできるが、ある場所から別の場所に伝わっていくのを実際に目で見ることはできない。例えば、暗い部屋で明かりをつけたとき、光が電灯や蛍光灯から周りに伝わっていくのだろうか。われわれの目には部屋のなかは同時にパッと明るくなったように見える。われわれは目で光の動きを知覚することはできず、まったく動いていないように見える。

光のこうした瞬時性は心の世界とよく似ている。既述したように夢の世界でもすべては瞬時に移動し、家にいたかと思えば、次は地球の反対側にいるといった具合である。このように夢の世界には時間がない。明かりをつけると暗い部屋がパッと明るくなるように、心の世界にも物理的な時間は存在しない。しかし、心の世界にはこうしたスピードといった性質以外にもうひとつの特徴がある。それは一般の人々があまり経験できないものだが、多くの人々がまったく異なる状況の下でその現象の事実を確認している。その現象とは生まれてから現在までの人生が連続した心象として意識上にパッと浮かぶことである。こうした現象は特に死に直面した人によく現れるという。死の直前の短い時間にその人の全人生で見たもの、聞いたもの、味わったもの、においをかいだもの、感じたこと、感動したことなどが追体験される。

そうした体験談を聞いたり本で読んだりしたとき、私は個人的にその人の何十年にもわたる全人生が瞬間的に意識上に走馬灯のように浮かぶということを正直言ってよく理解できなかった。しかしあとになって、われわれの経験を蓄積したエネルギーがものすごいスピードで意識に上り、何十年にもわたるそれまでの人生を瞬時に映し出すのではないかと思うようになった。これはそれまでの人生のいろいろな体験が、遠くに見える星の光のような流れとして意識上に押し寄せてくると考えると分かりやすいだろう。例えば、（太陽を除く）地球に最も近い恒星の光は秒速約三〇万キロメートルの速さで数百年をかけてこの地球に到着するが、それらの恒星と地球はあまりにも遠く離れているので、それらは長い長い光の流れを形成している。われわれがそれらの星を見るとき、実際に見ているのは何十万年前に遠い星から放出された光である。われわれが見ているのはその星の遠い過去であり、その光の流れを地球から逆にたどっていけばその星の現在に到着する。

記憶の流れとしてエネルギーの形で蓄積されたわれわれの経験（見たもの、聞いたもの、味わったもの、においをかいだもの、感じたこと、感動したことなど）とはちょうどこの星の光の流れのようなものであり、われわれは遠い過去から現在までの人生を追体験したり、過去の記憶を現在に投影するのかもしれない。われわれの経験が蓄積されたエネルギーとして光のスピードと同じくらいの速さで伝わるので、全人生の思い出が瞬時に心に走馬灯となって浮かぶのであろう。われわれのすべての経験が光のような速さで意識上に上るとすれば、わずか数秒間に膨大な情報を経験していることになる。これを光の速さに換算すると、例えば一年分の経験を含む心のエネルギーが一・六万キロメートルで伝わるとすれば、一九年分の記憶はわずか一秒で伝わってしまうことになる。

こうした現象を理解することができれば、心の世界の性質について最も難しいコンセプトのひとつ、すなわち心の世界は時間を超越しているという特徴もよく分かるだろう。われわれの感覚は時間と三次元の空間という制限のなかにいろいろな現象を閉じ込めて、この物理的世界を認識している。われわれは時間の連続としてこの外部世界を経験しており、過去は永遠に過ぎ去ったもので、それをさかのぼって経験することはできない（また未来を前もって経験することもできない）。過去はもはや存在せず、未来もまだ存在していない。存在しているのは今という現在の果てしのない連続であるが、心の世界はこうした物理的世界でわれわれが経験する時間と空間という通常のコンセプトとは別の次元に存在する。そこには時間や空間という制限はなく、われわれは好きなときに現在・過去・未来に飛ぶことができる。したがってこの世界に蓄積されている情報量にも制限や限度はない。

時間とは物理的な距離や三次元の空間を認識する手段である。換言すれば、時間を認識するには次元を持つ空間と動きという二つの要素がなければならない。三次元の世界には縦・横・

幅・周囲などを持つ空間があり、そうした物理的世界は常に動いている。太陽などの恒星や惑星、月などの衛星もすべて動いており、またわれわれは直接知覚できないが、すべての物体も原子と分子レベルで動き続けている。われわれの身体の原子と分子から太陽系にまで至るすべてのものが回転運動を続けている。

地球の公転と自転は物理的世界にフォースとして作用し、昼と夜、気候や季節などを含むいろいろな自然のサイクルを引き起こしている。（細胞の原子と分子の動きによって引き起こされるわれわれの身体の成長と加齢、呼吸や消化などのサイクルも含めた）こうした自然のサイクルは、われわれの五感にもいろいろなフォースとして作用し、これによってわれわれは変化し続ける物理的な世界を時間の流れとして認識している。もしもわれわれが三次元の世界でこうした動きを認識できなければ、時間を知覚することもないだろう。例えば、もしもわれわれがほとんど感覚のない仮死状態にあったとすれば、心臓の鼓動を含めたすべての動きは停止し、数秒と数日を区別することもできないだろう。時間を認識するには、スタート地点と終着点が必要である。これらの二点は距離や時間によって認識されるが、この二点が存在するには三次元の空間が必要である。

一方、心の世界とはわれわれの意識が過去・現在・未来を自由に飛び回れる時間と空間のない流れのようなもので、物理的な世界に存在する時間の流れはいろいろな記憶が蓄積されている心の世界に何の影響も及ぼすことはない。物理的な世界がエネルギーという形でわれわれの五感に影響を及ぼすときに限って、時間の流れも心の世界に影響を及ぼす。具体的に言うと、過去二四時間の記憶をすべて思い出そうとすれば、それはかなり難しいだろう。次に一週間前の今日の出来事を思い出そうとしても、記憶に残っているのは心に最も大きな印象を与えた経験、すなわち最も大きなエネルギーを持つ思い出だけである。それはわれわれの経験が時間の経緯としてではなく、エネルギーの量として記憶に蓄積されているからである。したがって、思い出される経験は物理的な時間の経緯とは何の関係もない。

エネルギーは原子や分子としては存在せず、したがって時間の経緯を認識するときのように、すべてが回転している物理的な物体とは異なる次元のものである。エネルギーは静止しているときもあれば、活動するときもある。例えば、ある人や何かがあなたに二〇年前の出来事を思い出させたが、それは今までに考えたこともないものだったという経験もあるだろう。その思い出のエネルギーを受け取ったあなたは、そこで見たもの、聞いたもの、味わったもの、においをかいだものなどをそのときと同じように追体験するが、最も重要なことはそのときの感動や印象の度合いである。あなたの心のなかでは何も変わっておらず、そのエネルギーは二〇年間にわたって静止していた。われわれがその出来事を思い出そうとしたとき、または記憶の糸をたぐり寄せようとしたとき、そのエネルギーが活性化してわれわれの心によみがえったのである。

とりわけプラスの経験（うれしい、楽しい、幸福な思い出）とマイナスの経験（苦しい、怖い、腹立たしい、憎らしい思い出）は簡単に思い出せるが、それはその出来事が起きたときのエネルギーの量が多かったからである。そうした思い出はすぐに心によみがえる。一方、日常生活のいろいろな出来事（歯を磨く、水を飲む、冷蔵庫のドアを開ける、靴や靴下をはく）を思い出すのは簡単ではない。それはそれらを経験したときにあまりエネルギーを使わなかったからである。

われわれの記憶とはそうしたエネルギーをため込んでおく袋のようなもので、それらは光の流れのように時間や期間の順に蓄積されている。しかし、インパクトの大きい数少ない出来事に対して、それ以外の多くの平凡な出来事は実際には起こらなかったかのように、跡形もなく消滅したりかすんでしまう。一カ月前の今日に靴と靴下をはいて散歩したはずであるが、そうしたことはあまり記憶に残っていない。おそらく靴と靴下をはかないで散歩したとすれば、そうしたことははっきりと思い出せるだろう。

本で読んだことなども、われわれの五感に対する外部世界のインパクトがあまり大きくないのですぐに忘れてしまう。実際に経験したことに比べて、活字の内容は視覚的なインパクトがかなり弱い。エネルギーという観点から見ると、例えば生物実験に実際に参加したときのインパクトはそれに関する資料などを読んだときよりもはるかに大きい。本で読んだものを思い出すときのエネルギーは、かなり集中して心の世界を検索しないと引き出すことができない。

物理的な世界で経験したときと心で感じたときのこと（物理的なインパクトと心のインパク

ト）を比較してみよう。例えば、恐怖の一秒という物理的な時間は一時間や一日にも匹敵する。外部の世界がわれわれの五感を攻撃しているため、そうした恐怖の時間は永遠に続くかのように思われるからである。その苦痛に満ちたインパクトがあまりにも大きいので、そうした状況が過ぎ去るのを落ち着いて待つことはできない。恐怖の時間が過ぎるのを今か今かと待っているようなときは、時間の感覚がかなり鈍化しているように感じられる。

これに対し、楽しい時間は喜びと幸福感に満ちあふれているのであっという間に過ぎてしまう（時がたつのを忘れてしまう）。そしてうれしさの程度が弱くなり、（退屈さを含めて）高ぶった気持ちが次第に冷めてくるとこうした状態は終了する。心が「時のたつのを忘れてしまう」状態から「永遠に続くように思われる」状態に移行するにつれて、時間の感覚も楽しさが減少する程度と比例して遅くなっていく。

物理的な世界ではわれわれの経験は直線のように連続した時の流れとして起こっている。五感により時間の流れとして心の世界に取り込まれた経験は電気エネルギーに変換され、インパクトの強弱の程度に応じて記憶として蓄積される。エネルギーは物質ではないので、蓄積された記憶には時間の制限というものがない。時間にはひとつの方向があるが、心の世界のそうした記憶には自由自在にまたは思いどおりに飛ぶことができる。われわれはそれらを心で見る、聞く、または味わう映像として体験する。「心の世界に蓄積されたすべての記憶はわれわれのアイデンティティーの一部を形成している。それらはエネルギーとして存在し、われわれの行動を決定するフォースとなる」。それらのフォースは外部の世界でわれわれが経験したことに応じて、新しい経験や記憶を形成する。

私が言おうとしているのは、われわれはまったく異なる二つの次元の世界を同時に経験しているということである。三次元の世界に生活しているとき、われわれの五感は直線的に経過する時間の制限を受けるが、心の世界にはこうした物理的な世界の時間や空間というものはない。この世界に存在するのは喜びを感じ、ニーズを満たそうとし、または目標を達成しようという思いなどである。これについてさらに話を進める前に、われわれの経験がどのようにプラスやマイナスのエネルギーとして心の世界に蓄積されているのかを理解する必要がある（私はこれを「エネルギーの質」と呼んでいる）。

第10章 記憶・信念・連想はどのように外部世界の情報をコントロールするのか

われわれがこの世に生を受けて以来、われわれの存在は物理的な世界に対してひとつのフォース（force）として作用してきた。われわれはこの世界で一定の場所と空間を占有し、それはほかのものによって代替されることはない。一方、物理的な世界もわれわれの五感にいろいろなフォースとして作用し、われわれとこの外部世界の間にはある種の因果関係が生まれた。本書で使われる「外部の世界」という表現は、ほかの人々を含めて自分以外のすべてのものを指しており、かなり広い意味で使用している。最も基本的なレベルにおいて、われわれは単に存在していることによって自分の経験を作っている。自分が存在しているというのは五感を働かせ、ひとつのフォースとして外部の世界と影響し合い、そこで生活することによって自分のあり方が変わっていくことである。例えば、われわれの行動は一連の連鎖反応を引き起こし、外部の世界を変えている。たとえ外部の世界を大きく変えたり、積極的に働き掛けることがないときでも、われわれはこの世界にひとつのフォースとして何らかの影響を及ぼしている。

経験は電気を帯びたエネルギーとして蓄積される

外部の世界と絶えず交流して生まれるわれわれの経験は、電気を帯びたエネルギーに変換される。それらは外部の世界が五感に及ぼすインパクトの性質に応じて、プラスやマイナスの電気を帯びる。例えば、泣いている幼児は外部の世界にひとつのフォースとして影響を及ぼしているが、具体的には周りの人々の鼓膜に泣き声というフォースを与えている。そうしたフォースに対する外部の世界の反応がその幼児の経験を生み出し、その記憶に蓄積されるエネルギーの質を決定する。

「エネルギーの質」とは、蓄積された経験のエネルギーのプラスやマイナスの程度を意味する。例えば、外部の世界がその幼児に優しい愛撫と愛情などで反応すれば、その経験は幼児の記憶にプラスの電気を帯びたエネルギーとして蓄積される。エネルギーの程度はその経験の強烈さ、すなわち外部の世界がその幼児の五感に与えるインパクトの大きさによって決まる。うれしい、幸せ、楽しい、または愛情に満ちた経験などは、プラスの電気を帯びたエネルギーとなる。これに対し、外部の世界がその幼児の五感に暴力的なインパクト（耳にガンガン響くような金切り声、肉体的な苦痛を与える平手打ちなど）を与えれば、その経験の強烈さに応じたマイナスのエネルギーが幼児の記憶に蓄積される。

そうしたエネルギーの質を決定する基本要素は次の二つである。そのひとつはプラス・マイナス・中性といったエネルギーの極性であり、もうひとつは高揚の感情から大きな恐怖の体験に至るまでのプラスやマイナスの極性の程度である。そうしたエネルギーの質は、外部の世界に対するわれわれの信念を決定し、外部世界との交流とそこからやって来る情報の認識を大きく左右する。

プラスのエネルギーの特徴

プラスのエネルギーは拡大・発展的であり、自信がついて学習意欲が高まったり、精神的な成長も促進され、未知のことにもチャレンジしようという積極的な気持ちが生まれる。未知のこととは外部の世界にひとつの可能性として存在しているが、われわれの心の世界にはまだ入ってこないものである。プラスのエネルギーは子供のような自然の好奇心と、われわれが誕生・成長してきたこの物理的な世界に対する驚きなどを刺激する。われわれはこの自然の好奇心を通して外部の世界と交流し、今まで知らなかったことや新しい経験などを学び、人生の不思議について興奮し、この世界で積極的に生きていこうという意欲をかき立てられる。外部の世界について学ぼうとする前向きの姿勢と、心の世界におけるマイナスのエネルギーの程度には反比例の関係がある。心の世界に学ぼうとする意欲を妨げるものがなければ、学習意欲は自然に高まるだろう。換言すれば、心の世界に（大きなマイナスのエネルギーである）恐怖心がなければ、新しいことを学ぶ意欲は促進され、精神的にもぐんぐんと成長していくだろう。

例えば、自分の子供を空中に上げて抱きとめたとき、子供がもう一度してくれとせがむようであれば、そうした外部の世界との交流は拡大・発展的なプラスのエネルギーを持つ経験となる。そうした経験を繰り返すほど、外部の世界についてもっと知りたくなり、自分のニーズをかなえたり、目標を達成することも容易になる。プラスのエネルギーを持つ記憶はわれわれに大きな自信をもたらすので、新しいことにチャレンジする精神も助長される。

マイナスのエネルギーの特徴

今度は自分の子供を空中に上げたあと、誤って床に落としてしまったとすれば、子供はそうした行為をせがむどころか、その心は恐怖でいっぱいになるだろう。子供にとって最初の経験は楽しく、記憶にはプラスのエネルギーが蓄積された。しかし、二番目の経験は怖く、記憶に蓄積されたのはマイナスのエネルギーだった。外部の世界にフォースとして作用したとき（好奇心による行動など）、予想外の苦痛や意図しない苦痛の反応を経験すれば、外部の世界は苦痛をもたらすフォースとして心の世界にはマイナスのエネルギーが蓄積されるだろう。苦しい記憶は恐怖を引き起こし、将来も苦痛をもたらすものとして外部の世界を認識することになる。そうした認識は将来の経験にも影響を及ぼし、同じような状況に局面したときに苦痛を連想するようになる。

プラスのエネルギーを持つ経験が自信と幸福感をもたらすのに対し、恐怖心はわれわれの行動と外部情報の認識に対して制限的なフォースや阻止的なフォースとして作用する。皆さんも恐怖心が自分の行動にこうした影響を及ぼした経験をお持ちであろう。危険な状況に直面したときなど身体が硬直して完全に動かなくなるが、それは身体が意識の命令にまったく反応しなくなったからである。このように恐怖心はわれわれの選択肢を大きく狭めてしまう。その結果、外部の世界がいくら新しい情報を提供しても、われわれの記憶にインプットされる経験は大きく制限されたり、またはそうした経験そのものを回避するようになる。外部世界との交流は新しい経験をもたらし、そうした経験は学習意欲を刺激するが、もしもわれわれが外部世界の提供するそうした貴重な経験を受け入れないとすれば、外部の世界について学ぶこともなくなるだろう。

一方、苦しい経験はマイナスのエネルギーを蓄積し、それらは恐怖の連鎖を引き起こす。恐怖の連鎖とは不平や不満のサイクルであり、それは外部世界の新しい経験を回避することで増幅される。外部世界の新しい経験を受け入れないと、学ぶ喜びを味わうこともなくなる。プラスのエネルギーの連鎖が拡大・発展的だとすれば、マイナスのエネルギーの連鎖は退行的である。苦しい記憶は外部世界との楽しい交流を妨げ、新しい経験を取り入れることがなければ、幸福で充実した人生を送ることもできないだろう。

このように恐怖心はわれわれの行動と外部情報の認識範囲を大きく狭めるが、なかには気づくのがかなり難しい悪影響もある。トレーダーとしてのあなたは客観的な視点に立ってマーケットの行動を観察すべきであり、そのためにはそうしたことを妨げる恐怖心をなくさなければならない。これについてはあとで詳しく検討するが、その前に連想の性質、心の世界と外部の世界を結ぶエネルギーのループ（環状回路）について説明しておこう。

連想

連想とはわれわれの思考方法のひとつで、類似する外部世界の情報が自動的に関連づけられることである。その形態は次の二つに大別される。そのひとつは顕著な特徴を持つ人間や物体などを区別し、それらを類似するグループに分類することを指す。例えば、人間を性別、髪や皮膚の色、職業、経済的な地位、学歴などの違いに応じてグループ別に分類したあと、それらのグループについてすでに持っている経験や知識に基づいて同じ特徴を引き出す。例えば、自分とは違う皮膚の色を持つ人間について嫌な経験を持つとき、われわれはそれと同じ皮膚の色の人間に対して自動的に同じ経験を思い出してしまう。

連想のもうひとつの形態は、外部からの知覚情報をある出来事と関連づけることである。われわれはこれまでに見たり、聞いたり、味わったり、においをかぐことなどを、主な経験のエネルギーの質と自動的に関連づけてしまう。例えば、尻をたたかれた子供はそのときに知覚したすべての外部世界の情報を尻の痛さと関連づけてしまう。彼が見たり、聞いたり、味わったり、においをかぐというあらゆる経験は、自分の身体に対する同じようなフォースとして認識される。彼が痛みを経験したときに流れていた音楽や特有のにおいなども、尻をたたかれた痛みを思い出させるものとして作用する。

そうした音楽やにおいなどは心の世界にマイナスのエネルギーとして蓄積される。尻をたたかれたとき、彼の関心は別のほうに向けられていたので、そうした音楽やにおいなどには気づかなかったとしても、あとでそうした音楽を聞いたり、同じようなにおいをかいだときは、尻をたたかれたときのマイナスのエネルギーが自動的にわき起こる。数年たってそうした経験も懐かしく思い出されるほどになっても、同じような音楽やにおいを聞いたりかいだりすれば、あたかもそのときに逆戻りしたかのような悲しさや罪悪感を感じるものである。もちろん、こうした連想は楽しい経験にも当てはまる。例えば、多くの夫婦がある音楽を聴くと二人で過ごした若いときの楽しい日々が思い出されるといったことなどである。そうした音楽は二人の関係を表すシンボルとなり、その音楽を聴くとその当時の懐かしい思い出や感情が彼らの意識に上ってくる。

連想とは外部世界の情報が心の世界で自動的に組成されることである。このように、プラスやマイナスのエネルギーが外部世界のさまざまな出来事と関連づけられているが、われわれはそれを意識的には気づいていない。見たり、聞いたり、味わったり、においをかぐことはわれわれにさまざまな感情を引き起こすが、自分でもその理由を知らないことが多い。

外部の世界と心の世界を結ぶエネルギーのループ

われわれはそのときに存在するすべての外部世界の情報を知ることはできない。われわれの五感は同時にすべての情報を知覚することができないからである。そのときのすべての情報を知覚できないとすれば、気づいたり、注意を向けたものを選別する何らかのメカニズムがなければならない。われわれが何かを学ぶというのは、外部の世界と心の世界がエネルギーのループで結ばれるということである。このエネルギーのループは「認識・知覚（perception）」と呼ばれる。認識とはすでに知っていることを外部の世界で五感を通して知覚することである。われわれの心のエネルギーは五感と連合して、それまでに形成した識別能力に基づいて外部世界の情報を選別・分類・組織化する。知っていることを外部の世界で認識するというのは、それがすでにわれわれの心の世界に存在しているということである。外部の情報を受け取るには何らかの心の枠組みが必要であり、それがなければ外部世界の情報は無意味なものとして拒否されたり、またはまったく認識されないだろう。

識別

識別とは外部世界の情報を選別することであり、幼児などはだれかがその違いを教えるまで、スプーンと鉛筆を区別することができない。幼児はその二つを本能的に口に入れることによって、それ以降に心の世界に蓄積される情報がスプーンと鉛筆の違いを認識するフォースとして作用する。外部世界のすべての物体は自らの情報を発しているが、それが初めての体験でなければ、認識される情報とはすでにわれわれの心のなかに存在しているものである。スプーンとそれに関する情報は心の世界と外部の世界の間にエネルギーのループを形成するが、まだスプーンと鉛筆が区別できないうちは、この二つは口に入れるものとして同じカテゴリーに分類されている。われわれが識別できないものとは、外部の世界にひとつの可能性として存在している未知のものを指す。すなわち、われわれが識別できないというのは、外部の世界が発しているその情報をまだ認識できないということである。

例えば、新しいパソコンの箱を開けたとき、私の認識するものは熟練したコンピューター技師のそれとはまったく異なる。パソコンのいろいろなパーツが発するそれぞれの情報は私にとって何も意味しないが、それは私のなかにそうした情報を理解できるシステムが存在しないからである。私が目にするすべてのパーツはひとつの大きなカテゴリーにすぎず、いろいろなパーツの区別もまったくつかない。しかし、コンピューター技師はそれらのパーツを私とはまったく違う観点で見ており、彼にとってそれらのパーツの機能は明らかである。それはいろいろなパーツの違いを区別できる心のシステムが彼のなかに存在しているからである。一方、私はそれぞれのパーツが発する情報を認識できないが、それは私のなかにはそうした情報を認識する心の枠組みが存在しないからである。

認識と呼ばれる心の内と外を結ぶこのエネルギーのループについて、マーケットでチャンスを見つけることに関連して話を進めよう。トレーダーは価格を変動させるひとつのフォースとしてマーケットに影響を及ぼしているが、多くのトレーダーが自らのトレーディングプランを持たず、また自分のトレード結果に責任を取りたくないというのは、彼らがいろいろな恐怖心にとらわれているからである。一般に心が恐怖心でいっぱいになっているトレーダーは選択肢を大きく狭め、客観的なトレーダー（恐怖心のないトレーダー）に手の内を読まれている。多くの一般トレーダーはある状況の下では恐怖心から同じように行動してマーケットのバランスを崩すので、相場はある方向に大きく振れやすくなる。

あなたも一回では理解できない製品の説明書などを二回、三回と読み直し、そのたびに新しいことが分かってきたという経験があるだろう。説明書を読み直すごとに、当初は理解できなかったことが分かるようになる心の枠組みが形成されていったのである。つまり、説明書を読み直すたびにその内容を理解できる洞察力がついていったのである。逆に言えば、説明書の内容が理解できないうちは、まだそれを認識できるエネルギーのループが心のなかに形成されていないということである。

外部世界の出来事を認識するとき、われわれが認識するものと実際に存在するものには大きな違いがある。例えば、タイムリーに注文を取って取引を成立させることを知っているセールスマンと、エンジンの音を聞いただけで車の故障箇所が分かる自動車整備工を考えてみよう。熟練したセールスマンや整備工のスキルは素人にとっては魔法のように見えるが、これらの人々が見たり聞いたりする情報はわれわれが受け取る情報と同じではない。彼らの心の枠組みはわれわれ素人のそれとはまったく違うので、外部の世界から受け取る情報もまったく異なっている。タイミングよく注文を取り、取引を成立させるような情報は、経験の浅いセールスマンにとっては理解することができない。そうした情報を区別できるようになるまで、われわれ素人には同じように見える情報でも実はまったく異なるものである。セールスの初心者にタイムリーな注文の取り方を教える人がいないかぎり、彼はいつまでたってもそうした情報を理解できないだろう。外部世界の情報を認識できなければ、あらゆる物事の因果関係も深く理解することはできない。

われわれの認識はどのように経験を形成するのか

われわれは五感を通して外部の世界を経験している。外部世界の経験はエネルギーの電気信号に変換され、それが幸福感や怒り、絶望、愛や憎しみなどの感情を引き起こす。外部の世界と初めて出合ったとき、心の世界にはそれまで存在していなかった新しい記憶・信念・連想が形成される。それは今まで聞いたこともない単語の意味を学ぶようにまったく新しい経験であり、心の世界にはそれを関連づけるものは何もない。この新しい記憶・信念・連想が心の世界に取り込まれて、外部の世界についての知識となる。

われわれが何かを学ぶとき、心のエネルギーが五感に対してフォースとして作用し、外部の世界についての経験が形成される。そのときのエネルギーの流れは、①初めての経験という形で何かを学ぶ、②外部の世界について学んだことを認識する――という順序をたどる。その一例として恐怖を感じるときのプロセスを見てみよう。恐怖を感じるとき、われわれは外部の世界で苦痛をもたらすものを認識する。すなわち、われわれの記憶・信念・連想となるマイナスのエネルギーが五感にフォースとして作用し、外部の世界ですでに経験済みの苦痛を認識することによって恐怖の経験が形成される。

われわれが外部の世界で何か（すでに経験済みのこと）を認識するときは、心のエネルギーが五感にフォースとして作用している（作用するのは外部の世界ではない）。換言すれば、認識するものとはわれわれがすでに知っているもの、またはそれに類似しているものであり、それゆえにそうした外部の情報に対して何らかの意味を付与することができる。外部の世界と最初に出合ったときは何の意味も付与できないが、それは付与する意味がまだわれわれの心のなかに存在していないからである。そして記憶・信念・連想によってわれわれが認識する方法に応じた経験が形作られる。

多くの人々が同じ場所で同じ外部世界の情報を受け取っても、その認識結果が異なるのはこうした理由による。各個人の経験するものが異なれば、同じ出来事でもまったく違う意味を持つ。各個人の経験とはそれぞれの心のあり方を反映したもので、同じ情報についてもそれぞれ違う連想が働けば、それに応じたプラスやマイナスのエネルギーを持つ経験が形成される。また同じ情報についてそれぞれ異なる認識をすれば、それに付与する意味も違ってくる。付与される意味はプラスやマイナスのエネルギーの程度を反映したものであり、それゆえに同じ情報に対する経験は人それぞれによって違っている。

一方、同じ出来事に対する各個人の時間の感覚もそれぞれ異なっている。例えば、主にプラスのエネルギーを持つ経験はあっという間に過ぎるが、マイナスの経験はとても長く感じられる。こうした心の変数を考慮しないと、同じ出来事に対しても人々の反応が大きく異なるという理由を理解することはできない。われわれが外部の世界を経験する仕方はそれを知覚・認識する方法によって異なり、まったく新しいことを学ぶとき以外は、それはすでに自分の心のなかにあるものを反映している。つまり、外部の世界について経験することはわれわれの心が作るものであり、外部の世界が形成するものではない。換言すれば、①外部世界との最初の出合いでその出来事が意味付けられ、それに応じたエネルギーの質が決定される、②心の世界にその意味が定着すると、それによって外部世界の情報を選別・認識してひとつの経験となる。

外部世界の経験はわれわれの認識の仕方によって決まるというこのコンセプトは極めて重要なので、これについてはもう少し話を続けよう。例えば、ある人物の影像を正面から見たときに特に何も感じないとすれば、それは五感に訴えるものがなかったからである。次にアングルを変えて横から見ると、何年間も会っていない懐かしいある人のことを思い出した（連想）。横から見たその影像は私にとってまったく別の意味を帯び始め、それに対する私の感情はそれまでの中立から強い懐かしさに変わっていった。その影像に対する私の経験のエネルギーはすでに自分の心のなかに存在しているもので、その影像が発したものではない。私の心の枠組みがその影像に対する私の経験を形成したのである。影像を見るアングルを変えたときにそれが新しい意味を帯びたというのは、すでに私の心のなかにあるエネルギーがその影像の認識に影響を及ぼしたからである。横から見たその影像の人物にプラスの経験を持っていなかったならば、依然として無関心という状態が続いただろう。

認識と感情の関係

いろいろな状況の下でわれわれの感情（愛と憎しみ、幸福と怒り、自信と恐怖など）を決定するエネルギーは、外部の世界から来るのではない。そうした感情はわれわれの心のなかにあり、そのときの外部世界の出来事とすでに心のなかにある過去の経験がマッチ（認識）したとき、自動的にそうした感情がわいてくる。例えば、父親が五歳の息子をバカ呼ばわりしながら、その尻をたたいている姿を想像してみよう（その子供にとってバカという言葉は初めて聞くものだった）。その子供は大人が使うその言葉の意味を知らないが、その言葉を耳と身体によって苦痛と関連づけるだろう。このときからこの言葉は強いマイナスのエネルギーを持つ経験として彼の心に定着するだろう。

彼が将来に外部の世界で再びこの言葉を聞くとき、過去の苦い経験が心によみがえってくる。このバカという言葉を聞くたびに、彼の心のなかにはマイナスのエネルギーがわき起こり苦痛を経験する。しかし、最初の経験のときのように外部の世界が彼に実際に肉体的な苦痛を与えるのではなく、この言葉を聞いた彼は自分で苦痛を経験している。つまり、その苦痛は外部の世界からもたらされたのではなく、すでに彼の心のなかにあったものである。たとえこの言葉に彼に対して苦痛を与えようとする意図はまったくなかったとしても、彼はこの言葉を聞くたびに実際に苦痛を感じるのである。それならば、この言葉に込められるほかの意味（例えば、優しい冗談の口調で言われたときの意味）を彼は理解できるだろうか。おそらくできないだろう。それは彼がそうした経験をしたことがなく、この言葉の別の意味を認識できないからである。彼の心にはこの言葉のほかの意味を理解する能力はない。このバカという言葉を聞くたびに苦痛を経験し、それに伴うマイナスのエネルギーを増幅させる彼の心が、これからも別の意味を認識することはないだろう。彼は心のなかにバカという言葉のひとつの意味だけを閉じ込めてしまったのである。

「最初の経験からこれからの未来に至るまで、彼はその言葉をどのように受け止めるのだろうか。多くのトレーダーと同じように、ひとつの意味でしか受け取らないだろう。なぜなら、彼は知識や学習する力を持っていない可能性が高いし、言われたことに対して理解しようとする努力をしないので、自分が信じてしまったことを間違いとも思わず、自らを省みることがないからである」　――ポーラ・ウエッブ

このようにわれわれが経験するものとは、（初めて学ぶときを除いて）われわれが認識するものを反映している。換言すれば、そのときに経験することとはすでに心の世界にあるもの（記憶・信念・連想など）で、それは外部の世界が実際に与えているものとはかなり異なっている。しかし、われわれが新しいことを初めて経験するときは、オープンな心で新しい意味や区別を付与していくので、外の世界に関する知識はどんどん増えていく。このように新しい経験が新しい意味を付与し、それがまた将来の経験を形成していく。これについてひとつのエピソードを紹介しよう。

私は一九八七年春に「ゴッチャ・シカゴ（Gotcha Chicago）」という、地元のタレントたち

が悪ふざけをし合うローカル局制作のテレビ番組を見ていた。その番組のひとコマに、テレビ局がひとりの男を雇って、「お金無料。本日限り」と書かれた看板を持たせ、ミシガン通りの歩道に立たせた（シカゴに詳しくない人のために説明すると、ミシガン通りとは多くの高級有名デパートやブティックが軒を連ねている繁華街のひとつである）。テレビ局はその男に大金を持たせ、要求する人にはだれでもお金を渡すように指示した。

ミシガン通りはシカゴでも最も人通りの多い地区のひとつで、道に立つその男の前を通り過ぎる人のなかで、彼からお金をもらおうとする人はどのくらいいるだろうか。その結果は、その看板を見て実際に立ち止まって尋ねてきたのは、「助かった。バスの乗り換えの二五セントをお願いできませんか」と聞いてきたひとりだけで、それ以外の通行人はだれもその男に近づこうとしなかった。その男は次第にイライラし、ついに叫びだした。「お金が欲しくないの。お願いだから持っていってよ。さっさと済ませたいんだ」。しかし、だれも反応せず、その男などは存在していないかのように、さっさと彼のそばを通り過ぎていった。

そこで彼はあるビジネスマン風の男の人に近づいていってこう言った。「お金はいかがですか」。するとその人は「今日は結構です」と答えた。男は「いつまでこんな日があると思っているんですか。どうか持っていってくださいよ」と言い返して、その人にいくらかのお金を持たせようとした。するとその男の人はにべもなく「結構です」と答えて、そこからそそくさと立ち去ってしまった。男からお金をもらおうという心の枠組みを持っていたのはひとりだけで、残りの人々は心のなかにそのときの実際の状況と直接関連する意味を持ち合わせてはいなかった。二五セントをお願いしたひとりを除いて、だれもその看板をまともに見なかったし、だれも「すごい。タダでお金がもらえるなんて。どのくらいもらえるんだろう」とも思わなかった。

われわれはタダでお金をもらえるなんてことは信じていないので、こうした状況に対する人々の反応には特に驚くこともない。人々の行動を見れば、この状況について彼らがどう思っているのかはすぐに分かる。人々がタダでお金をもらえると信じていれば、その男の前を通り過ぎなかっただろうし、タダでお金をもらえるチャンスを見逃すこともなかっただろう。この状況に付与した彼らの意味とその経験は、「タダでお金をもらえるなんてことはあり得ない」「通りでお金をくれる人なんていているはずがない」と思う彼らの信念を反映している。実際にほとんどの人はその男は気が狂っている思っただろうし、だから彼を避けてその場を立ち去ってしまったのである。

「タダのお金」という看板は真実だったが、「タダのお金」という情報は通行人の心の世界に受け入れられなかったので、真実としては認識されなかった。われわれが信じること、認識することと、そして経験することの間にはダイレクトな関係がある。ひとりを除くすべての通行人はタダでお金がもらえるということを信じられず、その男は気が狂っていると考えたので、現実とは異なる経験をしたのである。外部の世界は人々がその情報に付与する意味を選ぶことはなく、われわれは自分が直面した状況から自分の信念に見合った経験をする。心の世界に形成される人々の経験は多岐にわたるが、それはわれわれの信念の違いを反映している。

信念

われわれは五感を通して自分の信念に一致する情報を見たり、聞いたり、選択することによって、外部の情報を定義付け・識別・認識する。外部の世界を経験するというのはこうした選択を行うことであり、その対象は認識できる情報に限られる。もっとも、われわれが認識できるものとは外部の世界に存在するすべてのものではない。先のタダのお金のケースで言うと、通行人が経験したことは確かにそのときの現実であったが、実際に経験したものはその現実に対する彼らの信念に一致した状況である。このように信念とは心の世界と外部の世界の接点となる「閉回路」（スイッチの開閉ができる電気の流れる回路）のようなものである。

ここで言う閉回路とは、外部の世界を経験するプロセスでは、心の世界のすべての構成要素が互いにサポートし合って外部の情報を認識するという意味である。しかし、この閉回路は開くのが極めて難しいときもある。われわれの信念が心の世界に入ってくる情報をコントロールするためで、実際に認識される情報とは心のなかの信念と一致したものだけ、次に起こす行動も認識された情報に基づくものだけに限られる。こうして形成される経験はわれわれの信念の正当性を支援・強化しており、この閉回路はその他の情報をすべてシャットアウトする。もしも新しい経験につながる新しい外部情報に目を向けなかったり、またはそれに心を開く方法が分からなければ、外部世界のあらゆる状況でわれわれが経験するものはかなり限定される。

タダのお金をあげようとしていた男のそばを通り過ぎていった人々は、「お金無料」と書かれた看板を見ても、外部の世界がそのように表現していることにまったく気づかなかった。したがって、彼らがそうした状況に再び直面しても、ほかの可能性を認識することができないので、やはり同じように行動するだろう。このように外部の世界が提供しているものに比べて、われわれの信じていることはかなり限られている。新しいことを経験するには別の可能性に目を開かなければならず、そのためには認識と経験がマッチしなければならない。

タダのお金を手渡されてもそれを断ったビジネスマン風の男は、外部の世界に対する認識の範囲を広げるチャンス（タダでお金がもらえることもある）があったが、それを受け入れることができなかった。タダでお金をもらえるなんてことはあり得ないという彼の信念がたとえぐらついたとしても、彼の閉回路がその可能性を受け入れることはないだろう。そこで起こったことは、彼の信念と外部の情報を認識する彼の心のあり方を反映したものであるからだ。

このようにわれわれの信念は、外部の情報を認識するパラメータを定義付けする。そうした定義付けとは境界線を設け、それによってわれわれの信念が心の世界と外部の世界の間にバランスを取るような方法で外部情報を取捨選択するという意味である。こうした認識プロセスのバランスが崩れると、ストレスや幻想を抱くことになる。このバランスが保たれているとき、外部の情報に対するわれわれの反応は自動的なものとなる。外部の世界にはわれわれの信念が受け入れない多様な経験の可能性も存在しているが、心のなかの信念による反応ははっきりしているからだ。

換言すれば、われわれの信念は心の世界に取り込む情報を制限することによって、われわれが少しずつ学ぶことを可能にしている。われわれが物事はただひとつのあり方でしか存在しないと信じていれば、心のなかの信念は相反する外部情報の受け入れを阻止するメカニズムとして働くだろう。しかし、新しい情報や相反するような情報に目を向けたり、それを受け入れようとしなければ、いろいろな選択肢が存在するということにも気づかないだろう（逆に多すぎる選択肢は心に混乱をもたらす）。われわれの信念に心に取り込むものを選別するという性質がなければ、心の世界ではあらゆるテレビ局の情報が同時に映し出されるような状況となる。このようにわれわれの信念とはそのときの外部情報を取捨選択するひとつのチャンネルのようなものである。逆に言えば、受け入れる選択肢が広がり、多様な可能性に目を向けるようになれば、われわれの信念に複数のチャンネルが備わったと言えるだろう。

恐怖心は回避しようとするその経験を引き寄せる

われわれが認識するものとは自分が選別しているものである。認識の対象となるいろいろな選択肢のなかで自分が注意を向けるものとは、エネルギーの強度が大きいものである。つまり、そのときに存在するいろいろな外部情報のなかで、意識的に注意を向けるものとは強いエネルギーを持つものである。マイナスのエネルギーが最も大きい恐怖心は、われわれが取り入れる情報の範囲を大きく制限する。恐怖心がわれわれの視野を狭める好例として、車の運転について説明しよう。初心者のドライバーにとって運転の危険はかなり大きく、なかでも車同士の正面衝突は最も危険である。運転技術の未熟な新米ドライバーは、いろいろな状況に適切に対応する自信があまりない。つまり、自分を信頼することができないので、車を運転するときに不安感や恐怖を感じる。そうした恐怖心から彼は対向車に注意を奪われたり、狭い道を安全に走行しようとするときに目と手の動きに大きな神経を使う。自分がまだできないことやそれによる交通事故の危険性などに注意を集中するあまり、同乗者との会話、周囲の状況に対する目配り、道路標識の確認など、それ以外のことに目を向ける余裕はまったくない。こうしたさまざまな外部の情報は認識可能であるが、新米ドライバーは恐怖の対象だけに気を取られて、そうした情報には気づかなかったり、意識から完全に閉め出されている。車を安全に運転できる技術を習得しないかぎり、新米ドライバーがいろいろな外部情報を認識することはできないだろう。

恐怖心には怖いと感じたものを回避するメリットもあるが、われわれは苦痛の記憶から連想される外部世界の情報をひとまとめにして取り込んでしまうので、恐怖の対象を回避する代わりに、逆に避けようと思うそうした経験そのものを作り出してしまうものである。例えば、犬にかまれた経験のある子供はどんな犬を見ても怖いと思うし、将来も犬に対するそうした恐怖心がなくなることはないだろう。彼をかんだのはたった一匹の犬であるが、もはやこの子供はかわいい犬と危険な犬を区別することができない。彼の個人的な経験がすべての犬は危険であると彼に教えているからである。こうした連想の力によって、最初の経験から彼にとってはすべての犬が危険であるということになってしまった。しかし、彼にとっての真実は外部の世界におけるすべての現実ではない。あらゆる犬が危険ではないし、むしろ多くの犬は子供を見ると一緒に遊びたいと思うものである。

その子供をかんだのは数少ない危険な犬の一匹にすぎなかったが、彼は将来にどんな犬と出合っても恐怖を経験するだろう。犬が自分のほうに向かってくれば、彼は再びかみつかれると思うだろう（実際には多くの犬は子供と遊んだり、かわいがってもらいたいのである）。彼はかまれるという恐怖心がとても強いので、彼の全神経はその犬の行動に向けられている。その結果、彼の注意力はすべての犬の動きやほえ声だけに向けられるようになる。犬の姿やほえ声を聞くたびに、彼の恐怖の経験はよみがえり、犬に対する恐怖心は増幅される。

このように恐怖心は怖いと思うものを避ける代わりに、恐怖の対象物そのものに注意を振り向ける。問題は、彼の経験したことは現実（すべての犬が危険というわけではない）から見ると正しくないということである。それが分からないので、自分の恐怖心は心のなかではなく、外部からもたらされると信じている。すべての犬に神経をぴりぴりさせていることによって、彼の恐怖心は回避しようとしているまさにその経験を作り出している。

われわれが注意を向ける外部の世界とは、自分が将来に経験するものである。犬にかまれた子供のケースなどはまさにその好例であろう。しかし、恐怖心が回避しようとする経験をもたらすということには、実はもうひとつの意味がある。恐怖心が警告のメカニズムとして働き、怖いと思うものを回避するというひとつのメリットについては先に言及したが、それは単に恐怖を引き起こす外部情報の受け入れを拒否することである。われわれの認識のもうひとつの盲点は、恐怖の対象物以外の情報にすべての注意力を振り向けることである。これを相場の世界に当てはめると、悲惨な結果をもたらすようなすべての情報を意識から排除することである。

例えば、マーケットが利益のチャンスを提供してくれたと考えて仕掛けたが、まだトレードミスの恐怖心から脱していないようなときである。このようなトレーダーはこれまで何回もトレードミスをしているので、心のなかにそうしたマイナスのエネルギーが蓄積されている。そうした心の状態にあるとき、マーケットがそうした行動の正否を示唆する情報を伝えてくれば、われわれはどちらの情報に注目するだろうか。そうした反対の情報が示唆する意味をよく考えないで、自分で正しいと思うような情報を選ぶならば、その結果は悲惨なものになるだろう。

これを具体的に説明すると次のようになる。

ここに失敗を恐れているひとりのトレーダーがいるとしよう。そうした恐怖心は心のなかにいろいろな葛藤をもたらすので、トレードを仕掛けるのはかなり難しい。しかし、ついに彼は好機が到来したと考えて出動したが、依然として恐怖心は心のなかでくすぶっていた。彼が注意を向けるマーケット情報は、相場の動きに応じて次のようになる。価格がポジションを入れた方向と逆行すれば、損失の拡大を恐れる彼の注意力はそれとは反対のことを示唆する情報に向けられる。その後に価格が仕掛け値まで戻ったとすれば、価格がさらに自分に有利な方向に向かう可能性があっても、彼はやれやれと思ってポジションを手仕舞うだろう。一方、価格がポジションとはさらに逆の方向に向かっていったとすれば、損失の拡大を恐れる彼はそれ以上自分をだますことができなくなり、心の防衛策は崩れ始める。この時点で彼はパニック状態になり、ついにストレスと不安が忍耐の限度を超えて、ポジションを手仕舞ってしまう。

一方、もしも彼が勝ちトレードにあるとすれば、彼の注意はまったく違う情報に向けられる。つまり、今度はそれまでの含み益を失うのではないかという恐怖心から、彼の注意力はマーケットが彼から利益を奪うことを示唆する情報に向けられる。価格がさらに有利な方向に向かうことを示唆する情報（これは負けトレードにあるときに向けられる情報）は意識から排除され、彼の関心はもっぱら価格が仕掛け値まで反落、またはそれを割り込むことを示唆するような情報に向けられる。その結果、利益がさらに積み上がる可能性もあったのに、わずかな利益で早々とポジションを手仕舞ってしまう。その後に相場がさらにポジションの方向に進むと、彼はマーケットに残してきた利益に歯ぎしりし、なぜもうちょっと頑張らなかったのかと後悔する。

実際には失うのではないかと思う彼の恐怖心がその利益を奪ったのに。

なぜ多くの一般トレーダーが利益は小さく、損失が大きくなるのか、これでお分かりであろう。もう一度繰り返すと、勝ちトレードでは含み益を失うのではないかと思う恐怖心から、早めにポジションを手仕舞おうとするような情報に関心が向けられる。一方、負けトレードではそれと正反対の情報、すなわち自分は負けてはいないことを示唆する情報に注意が向けられる。このように恐怖心はわれわれから行動の選択肢を奪ってしまう。ある種の情報に目を向けたくないというのは、恐怖心がわれわれの認識の範囲を大きく制限しているからである。負けトレードにあることを示す情報を意識から排除すれば、損切りはできない。その反対にマーケットがそれまでの含み益を奪ってしまうのではないかと恐れていては、利益を伸ばすことはできない。

こうした心のジレンマをなくすには、恐怖心を持たないでトレードすることである。そのためには自分を完全に信頼し、マーケットが語りかけるすべての情報を受け入れ、どのような局面でも迷わずに行動できるようにする。すべての努力には自己信頼が必要である。自分を信頼して対向車を避けられるようにならないと、道路を安全に走行することはできない。これを心の視点から見ると、相場の世界では車にはねられたと同じくらいの重傷を負うことも珍しくない。成功するトレーダーになるにはマーケットの状況を正しく評価し、より多くの選択肢を受け入れ、恐怖心のない状態でトレードに臨むことである。換言すれば、自分の視界を狭めたり、ある種の情報を閉め出すような心の状態から自分を解放するには全面的な心の掃除が必要である。

第11章

なぜトレーダーは成功するために適応する方法を学ばなければならないのか

変化し続ける外部の世界に適応する能力と自分に対する満足度の間にはダイレクトな相関関係がある。外部世界の変化に適応するとは、外部世界について多くのことを学ぶに従って、われわれ自身が変化していくということである。外部世界のいろいろな構成要素がフォースとしてわれわれにどのような影響を及ぼしているのかを深く理解するほど、われわれはより多くの情報を取り入れることができる。そうした情報の認識範囲を広げていくに従って、外部の世界とわれわれの因果関係（外部の世界がわれわれにどのようなフォースを与えているか、それに対してわれわれはどのように反応しているのか）も分かってくる。

そうした理解が深まっていけば、われわれのニーズと目標を達成するために外部の世界といっそう効果的に交流することができるだろう。それによってわれわれの心には満足と幸福感、自信などが深まっていく。その反対にニーズや目標が満たされないと、不満や失望、自暴自棄の感情などが高まっていくだろう。達成感や満足感、自信などは拡大・発展と心の成長などの好循環を生むが、失望や不満足などは心の痛み、不安、意気消沈などの悪循環を引き起こす。

われわれのニーズと目標を達成するには、心の世界と外部の世界に調和とバランスを保つ必要がある（この「調和」とは外部の世界がどのように機能しているのかについての理解も含まれる）。われわれのニーズ、意思、目標、願望などは最初に心のなかで生まれ、その後に外部の世界で顕在化する。それらがすべてまたは一部が達成された、もしくはまったく達成できなかったなど、それらの達成度に応じて満足や不満感などが生じる。自己実現を図るには外部の世界とうまく交流することが求められる。そのためにはまず、自分が外部の世界についてどれほど知っているのかをよく認識する必要がある。

●最初に直径約二五〇センチの大きな円を描いてみよう。この円は外部の世界（宇宙全体）についてわれわれが学べるすべてのことを表している。

●次にこの大円のなかに直径が約七〇センチの小円を描く。これは人類が誕生してから今日までにわれわれ人間が蓄積したすべての知識を表す。つまり、この二つの円はわれわれがすでに知っているものとまだ知らないものを表している。

●続いて小円のなかに無数のドット（点）を描く。これはわれわれ各個人がこれまでに蓄積してきた知識や理解したことなどを表す。無数のドットが振られた小円と大円の間の空白部分は、われわれが個人または人類全体としてまだ知らないこと（学んでいないこと）を表している。

外部の世界にはまだ知らない（経験していない）ことがたくさんある。人類が原子力を発見しないうちはそれを利用できなかったように、われわれも外部の世界を知らないうちはそれを経験することができない。原子力は何十万年も地球に存在し、人類によって発見・利用されるのを待っていた。人間が原子力を発見しなければ、それはまだ隠れた存在として地球上で眠り続けていただろう。これと同じように、外部の世界がわれわれにいろいろなフォースとして作用しても、われわれがそれを認識できなければ、訳の分からないランダムなフォースと考えたり、迷信にとらわれることになるだろう。したがって、外部世界のすべての構成要素がフォースとしてわれわれに影響を及ぼしていることをまずは理解しなければならない。長年にわたり多くの学者たちは、マーケットの動きがランダムであると信じていたが、これなども人間の性質に関する理解不足の典型例である。人間の恐怖心の働きを知ると、すべてのトレーダーはひとつのフォースとして相場の動きに影響を及ぼしているのが分かる。

小円で表された人類のすべての発見は、歴史とともに拡大していった。例えば、中世期の小円の大きさは現在の一〇分の一程度であったと考えられる。それ以降のいろいろな発見はわれわれの経験する世界を大きく変え、心の世界にも多くのものをもたらした。つまり、われわれが多くのことを学ぶにつれて、周りの世界を認識する方法も変化し、人類全体の物の考え方も進化していった。一〇〇年前の、または五〇年前の最も進歩的な人々でさえも、蓄積された人類の知識が現在のように広範で深い水準に達するとは予想できなかっただろう。その当時には存在しなかったが、今では当たり前のもの（車、飛行機、電話、パソコン、ＳＮＳ、インターネットなど）は人類が学び、互いに共有し合った知識の結晶であり、それらはわれわれの生活環境を一変させた。

われわれが現在所有しているものはすべて、人類が誕生してからずっとこの世界に可能性として存在していたものである。有人の宇宙飛行の可能性は人間が最初に夜空を見て、月には何があるのだろうかと想像していたときから存在していた。もちろん、そうした思いが現実のものになるまで人類の知識が向上しなければ、それが実現することはない。もしも一八八九年にさかのぼり、四〇歳の人に現在の世界のことを聞いても何も信じられないだろう。それは信じられるだけの心の枠組みを持たないからであり、今から一〇〇年後の世界についてもそれと同じことが言えるだろう。

既述したように、小円のドットは人類の蓄積された知識全体のなかの各個人の経験範囲を表しているが、外部世界に関する個人の記憶、信念、連想、洞察、理解の範囲には当然のことながら大きな限界がある。これを逆に言うと、外部の世界にはわれわれがまだ知り得ない膨大な情報が存在しているということである。われわれが知り得ない無限の空間というものを考えてみよう。そこでは各個人は外部の世界を変えるひとつのフォースとして存在し、それに対する外部世界の反応はわれわれに満足や不満足感をもたらす。このように、各個人は外部の世界を変えるひとつの原因として作用し、それに対する外部世界の反応（結果）がわれわれの心の世界を形成する。われわれがひとつのフォースとして外部の世界で自分を表現しないうちは、外部の世界はまだ未知なる外部のフォースとしてわれわれとはまだ無関係の存在にとどまっている。

この地球上に存在するすべての個人はひとつのドットとして小円を満たしていく。小円のなかの空白部分は、現在のわれわれの心の世界には存在しない未知の知識である。各ドットが重複して多くの文化で共有される知識や考え方を形成していくが、各個人の経験がすべて異なるという理由からドットの重複部分が限りなく拡大していることはないだろう。また各個人の理解や洞察の範囲と程度がそれぞれ異なるという点で、各ドットの大きさもまばらである。例えば、子供のドットの大きさは大人のそれに比べてはるかに小さい。

外部の物理的世界はわれわれが誕生する以前から存在していたが、われわれはこの外部の世界と交流して大きな満足感が得られるほどの深い洞察力を持ってこの世に生まれてきたわけではない。例えば、心の世界と外部の世界が完全に調和したとしても、外部の世界についてわれわれが知り得るのはほんの一部にすぎない（これが心の世界のひとつの構成要素となる）。完全な調和とは、外部の世界で働いているすべてのフォースとそれが心の世界に投影するとき、その因果関係をよく理解できるということである。外部世界の出来事はわれわれの心にフォースとして作用し、それがわれわれの経験となるが、われわれもそれに対する反応（行動）によって外部の世界にひとつのフォースを与えている。心の世界と外部の世界が完全に調和すれば、われわれのニーズや目標、意思や願望などはすべて満たされ、完全な満足感が得られる（「行動」とはわれわれの心のエネルギーがひとつのフォースとして、外部の世界で表現されたものと定義する）。

しかし実際には、外部の世界と完全な調和を保っているような人は存在せず、それゆえに完全な満足感を抱いている人もいない。それでも行動という外部世界に影響を及ぼすフォースと、それに対する外部世界の反応というフォースに対する理解が深まれば、ニーズや目標の達成はいっそう簡単になり、それによる満足感も大きくなるだろう。その反対に自分の行動を含めて、われわれの心に影響を及ぼす外部世界のフォースが分からないと、われわれのニーズや目標を達成することも難しくなり、それに伴う失望感とストレス、不安感や恐怖心なども大きくなっていくだろう。

学習と経験の質

既述したように、われわれ人間は外部世界と効果的に交流して自己実現を達成できるほど完全な知識を持って生まれてきたわけではないが、外部の世界を知ろうとする意欲は生来的に持っている。人生を切り開く原動力となるこうした知識欲は、人間という存在の最も深いところからわき出ている。われわれは生まれながらの好奇心から常に新しいことを知りたいと思っている。例えば、何かを学んだり、ある目標を達成するとすぐに別の目標に向かっていくなどである。こうした意欲は新しいことを知ったり、発見しようとする内なる原動力となる。また何かに心を引かれることも、外部の世界で何か新しいことを経験するためのフォースとなる。

これについて子供を例に取って説明しよう。子供が大声で泣いたり、ときにかんしゃくを起こすのは、心のニーズが満たされていないからである。すなわち、心と外部の世界のバランスが崩れ、それを埋め合わせようとして泣いているのである。われわれは求めているものを手に入れて満足すると、心のなかは外部世界の経験で満たされていく。そうなるとそれまでの興味は失せて、ほかのものに目が移っていく。

学ぶこと（学習）のもうひとつの特徴について説明しよう。例えば、何らかのスキルを習得しようとするとき、それが無意識にできるレベルに達したら、それ以外の何か新しいことに挑戦しても一向にかまわない。しかし、スキルをマスターするプロセスでは一歩ずつステップを踏んでそのスキルを習得していくので、それぞれのステップではわき目も振らずにそのことだけに神経を集中しなければならない。例えば、何らかのスポーツに上達しようとしているとき、ほかの人がそれとはまったく関係のないことに興味を向けさせようとしたとする。そのようなときはその別のことに対する興味を断ち切らないかぎり、そのスポーツに意識を集中し続けることはできないだろう。しかし、いったんそのスポーツをマスターしてしまえば、ほかのことに目を向けてもその技術がレベルダウンすることはない。そのスキルのレベルが一定水準までいかないうちは、まだ幼児の行動のレベルにとどまっている。つまり、幼児が何かを拾おうとするときはそれに全神経を集中しなければならず、無意識に目と手が動くわけではない。これと同じようにわれわれも何らかのスキルを習得しようとしているときは、そのことだけに意識を集中すべきである。

何かを学ぶということは、われわれが人間として存在している証である。好奇心という生まれながらにして持っている強力なパワーによって、われわれは外部世界のいろいろなことに心を引かれていく。われわれが生存していくためには外部の世界と交流しなければならず、そのときに学ぶことが必要となる。しかし、学んだことがすべて自己実現に役立つわけではない。特に若いときには、外部の世界とその働きについて学んだことを利用するのはかなり難しい。

外部の世界についていろいろなことを学び、自分のドットが広がっていくと、外部の世界といっそう調和できるようになり、心のあり方も大きく変わっていく。そして心の世界が変わっていくにつれて、外部の世界を見る視点とその認識の仕方も変わっていく。それによって新しい洞察と理解力が増していけば、外部世界と交流するときの選択肢もさらに広がり、それに応じて経験の質も変わっていく。いろいろな経験によって満足感が高まれば、心の世界と外部の世界もいっそう調和していく。そしてこの二つの世界が完全に調和すれば、自分自身を完全に理解することができる（われわれの行動を決定する内なるフォースと外部世界のフォースが完全に調和する）。しかし、完全な知識を持つ人間はいないので、外部世界とのあらゆる交流を通して常に経験の範囲を広げていくべきである。多くのことを学ぶに従って、将来の可能性を評価する能力も高まっていく。もっとも、将来の可能性が広がるとはいっても、古い知識や信念などによって将来の選択肢を狭めてはならない。未知のことに比べればすでに知っていることはかなり少ないが、そうした人間の限界は地球が平らであると信じていた中世の人々の限界とそれほど大きな違いはない。

この世界には従来の知識で認識できる以上の情報や選択肢は存在しないと考えるならば、いろいろな可能性に目を向けることもなくなるだろう。そうした可能性の存在を認めないというのは、ちょうど電気は発見されるまで存在しなかったというのと同じである。既知の知識だけにしがみついて新しく学ぶことを拒否していると、外部の世界は多くの情報を突き付けてくるのでストレスと不安が高まるだろう。自分がこの世界で効果的に活動するために学び続けているかどうかを知るには、自分の感情をチェックするだけでよい。もしも心と外部の世界にアンバランス（または不調和）がなければ、失望や欲求不満、混乱、ストレス、不安などを感じることはないだろう。こうしたマイナスの感情を抱いているというのは、この二つの世界に調和やバランスが保たれておらず（この二つの世界が調和していれば、喜びや幸福感、満足などを感じるはずである）、次に何をすべきかが分からない証拠である。「いずれにせよ、われわれの五感はいつでも外部の世界とわれわれの関係の状態を知らせてくれるし、満足感をもっと高めるために学ぶべきことを教えてくれる」。例えば、もしも満足のいく人間関係ができなければ、それはそうしたスキルを習得していないからである。そのときに問題となるのは、良好な人間関係を作るスキルが分からない、または必要なことは知っているが、それでも人間関係がうまくいかない——のどちらかである。こうした状況を克服するには学ぶべきことをしっかりと認識して、それを実行することである。

古い知識が新しい知識の習得を妨げる

学ぶべきことを知るというのは、一般に言われているほど簡単ではない。そして学んだ多くの知識も実生活ではあまり役に立たないというのは、人生における大きなパラドックスのひとつである。さらに古い知識が新しい知識の習得を妨げるという現実があるとき、自分が学ぶべきことをどのようにして知るのだろうか。例えば、トレードは簡単であると思い込む（いわゆるビギナーズラックというもの）のは、トレードは成功し続けるのが最も難しいという現実の理解を妨げる。この二つの信念（トレードは簡単である・トレードはとても難しい）は外部世界の情報を正反対に解釈した結果であり、それに基づく行動もまったく違うものとなる。

われわれはすでに学んだことの有効性をあまり問題にすることはないが、それは各個人の知識とはそれぞれ異なる経験に基づいているからである。つまり、各個人が学ぶことは五感によって得られたそれぞれの経験を反映しており、それは見たり、聞いたり、感じたり、においをかいだり、味わったりした経験を通して心の世界に刻み込まれたものである。そうした経験が記憶・信念・連想といった形で心の世界にひとつの座を占めると、それはいわゆるわれわれのアイデンティティーを形成するものとなる。われわれは外部の世界と初めて出合ったときの情報をスポンジのように吸収するが、そうした情報がいったん心に取り込まれると、今度はそれが新しい情報の吸収を妨げるバリアにもなる。

新しい情報の吸収を妨げるエネルギーはストレスと呼ばれる。外部の世界がもたらす情報を必死になって妨害しようとするとき、われわれはストレスを感じる。それはちょうど向かい風のようなものである。そのときの風は回避したい外部世界からの情報、向かい風に逆らって前に進む身体はすでに学んだ知識に相当し、いわば心の世界が外部の世界と戦っているようなものである。この二つのフォースがぶつかったときにストレスを感じるのである。

人間世界の最大の皮肉のひとつは、すべての人が自分は正しいと思っていることである。つまり、だれでも自分の経験したことや学んだことは正しいと思っている。われわれの心の世界にあるものはその人の五感を通して経験したものであり、それはだれにとっても正しいものである。しかし、そうした経験のすべてが外部の世界と交流するときに効果的に働き、満足する結果をもたらすわけではない（自己実現にとって役立つわけではない）。子供は自分の経験が信念の形成にどのように影響しているのかを知らない。子供の信念は感情や情緒などによって形成され、少ない経験がその信念の質を評価することはできない。つまり、今のそうした信念が将来に自己表現するときの有効なフォースとなるのか、それともそれを妨げるのかを理解することができない。

子供の心に形成された信念はそれ以外の可能性を排除したり、外部世界の情報をひとまとめにして極めて狭い範囲に閉じ込めることもある。しかし、そうした子供も成長して新しい視点から外部の世界を見るようになると、それまでの古い信念の多くはあまり役に立たないことが分かってくる。われわれは学習を通して経験の範囲を広げ、それによって古い信念から解放されていくが、多くの信念がマイナスのエネルギーを帯びていると、恐怖心が自己表現を妨げて外部世界の多様な可能性と選択肢を狭めることになる。

例えば、親から常にさげすまれて育った子供は、その苦痛の経験に基づいて自分自身と外部の世界に対する信念を形成する。成長する過程でそのことに気づかなくても、大人になっても自分は価値のない人間だと思い込んでしまう。こうした人は大人になっても人間としての価値というものを知ることができず、そうしたマイナス思考から自分を解放することもできないだろう。そして人からバカにされるのではないかという恐怖心が、自己表現する可能性を大きく狭めてしまう。その結果、恐怖心のない人にとっては当たり前のような可能性からも完全に閉め出されてしまう。

「人間世界のさらに大きな皮肉のひとつは、外部世界の情報を解釈する方法によっては、それが必ずしも自己実現の有効な手段とはならないことを理解すると、むしろ多くの外部情報が学べるようになるということである。心の世界という自分のドットに外部世界の情報をどんどん取り込んで大きくしていけば、外部の世界との調和はさらに進み、自分の正しさの程度も向上していく。すなわち、多くのことを学ぶに従って将来の可能性も正しく評価できるようになる。これを逆に言えば、多くのことを知れば知るほど、自分のそれまでの知識が必ずしも価値あるものではないことが分かってくる。そうでなければ、多くの知識を持つ人が心の苦しみにとらわれているはずはない。そうした人は外部の世界とうまく交流する方法が分からないのである」

――ポーラ・ウエッブ

自分がすでに知っている、または正しいと信じているものと相反する外部情報を積極的に取り入れる人はかなり少数派である。自分の知らない情報とは正しく認識できない、または自分の信念が取り込むのを邪魔しているような情報であり、それらは外部の世界にあってわれわれのドットになるのを待っている未知の経験である。そうした未知の情報が満足すべき結果をもたらしてくれる可能性もあるが、学ぶべきことを知らなかったり、または古い知識が新しい情報の習得を妨げるようなとき、それは単に自分の適応能力のなさを証明しているにすぎない。外部の世界に適応する能力がついていけば、古い信念に妨げられない多くの可能性や選択肢が見えてくる。この場合の「適応」とはすでに心の世界にあるものを積極的に変えようとすることであり、それによって心の世界と外部の世界も調和していくだろう。

外部の世界と最初に出合ったとき、心の世界にはその経験が刻み込まれ、それ以降の経験はこの古い知識によってろ過される。犬にかまれた子供の例で説明すると、好奇心から一緒に遊ぼうとした最初の犬がかみついたので、彼はどんな犬を見ても自然にその犬を連想するようになった。彼の最初の経験は、それ以降に出合ったすべての犬に対する心のバリアとなった。「自然に連想する」というのは、彼の心の世界に形成されたすべての犬に対する拒絶反応が無意識のうちに表れるという意味である。そうした連想は彼の心の世界の反応として、犬と見ると自動的に起こる。彼にかみついた犬に限らず、どんな犬を見てもかつての苦痛の経験が思い出される。

つまり、彼はこれからもどんな犬と出合ってもその苦い経験を自動的に連想するだろう。ほとんどの犬は人なつっこく、かみつくことはないという意味で彼のそうした連想は正しくないが、それでも彼はその信念を変えることはないだろう。心のシステムが犬（特定の犬ではなく、すべての犬）に関する新しい情報の受け入れを妨げているからである（この恐怖に対するメンタル的概念についてはマーク・ダグラスとポーラ・ウエッブの『ザ・キー・トゥ・パワー・プロフィット』を参照してほしい）。

もしも犬との最初の出合いが楽しいものであったら、彼は苦痛の経験をするまで犬を避けることはないだろう。それ以降にたとえ犬にかまれることがあっても、その犬とすべての犬を自動的に関連づけることはないだろう。外部の世界がそうした苦痛以上の楽しい経験を彼にさせているからである。それによって彼が学んだのは、おそらくすべての犬が友好的であるとは限らず、その犬の性質が分かるまでは警戒して接しなければならないということであろう。犬について最初に苦い経験を持った子供は、犬と楽しく遊ぶということを知らない。外部の世界が彼にそうしたチャンスを与えても、それを経験したことがないからである。そして犬に対する恐怖心を克服しないかぎり、将来も犬と楽しく遊ぶ経験をすることはないだろう。彼がそれまでに学習した経験のエネルギーが、犬に関するすべての情報を妨害・拒否するからである。

もしもあなたが自分の子供に何かを教えれば、たとえそれが外部世界についての間違った情報だとしても、それが経験を通して自分のアイデンティティーの一部となれば彼はそれを信じるだろう。われわれの経験するものはすべて、自分のアイデンティティーの機能する一部となる。「機能する」というのは、心の世界に取り込まれたものはすべてわれわれの行動のフォースになるという意味である。こうしたアイデンティティーの機能する一部は記憶・信念・連想という心のフォースとして作用し、外部の世界をどのように認識するのかに大きな影響を及ぼす。

すでに指摘したように、われわれが恐怖を感じるというのは人生のどこかで恐怖を経験した、すなわち外部の世界で怖いことを学習したからである。しかし、同じような状況にあっても苦痛の経験を持たない人は外部の世界をまったく違うように認識している。すでに心のなかに形成されたそれぞれの経験に照らして、同じ状況を危険だと思う人もいれば、チャンスだと考える人もいる。つまり、経験として心の世界に取り込んだものが同じ状況を喜びにつながるチャンス、または苦痛をもたらす危険というように解釈するのである。経験したことはひとつの信念として心の世界にしっかりと根付いているので、ある人は別の人の外部世界の認識結果を理解することはできない。

それならば、何がわれわれの心のなかに形成された古い価値感を見直す契機となるのだろうか。つまり、新しいことを学ぶ必要があるとわれわれに最終的に決心させるものは何なのか。それは苦痛である。大きな失望、ストレスや不安などの心の苦痛を経験するとき、われわれは新しいことを学ぶ必要性を痛感する。換言すれば、次に何をすべきかが分からず、自分の行動結果の責任をほかに転嫁することが難しくなったときに、新しいことを学ばなければならないと思うのである。

これを「トレードは簡単である」という先の例で説明すると、すでにそう思っている人がそうした信念の有効性を疑問視する契機となるのは何であろうか。それはトレードの目標を達成できないときに感じる失望感という心の苦痛である。その結果、外部の世界といっそう効果的に交流し、それによって心の世界と外部の世界を調和させなければならないと痛感する。しかし、そのときに障害となるのが古い知識のエネルギーで、これが新しい知識の習得を妨げる。

何か新しいことを学ぶというのはすでに知っていることを変えることであり、われわれは本能的にそうしたことを拒否する傾向がある。何かを学べば、今度はそれがひとつのフォースとなって新しい情報の取り入れを妨害する。子供でさえもすでに学習したことが正しくないときでも、新しい情報の受け入れには抵抗する。

学ぶということは自分が変わることであり、すでに知っていることを変えないかぎり、まったく新しいものを受け入れることはできない。心の世界が変わる（外部の世界に適応する）のを拒否すれば、外部世界の新しいものを経験することはできない。つまり、心の世界が変わらなければ、外部世界の変化を認識することはできず、苦痛と不満の悪循環に陥ってしまうだろう。そしてそうした苦痛が大きくなっていけば、それまでの信念の有効性と人生のあり方の全面的な見直しを迫られるだろう。

われわれが知っている知識は生産的ではない

古い知識が新しい知識の習得を妨げるという問題に加えて、外部の世界に適応するということにはさらに大きな実際上の理由がある。それはわれわれが自分のニーズと目標を達成するには、変化してやまない外部世界と交流しなければならないということである。外部世界との交流の仕方、そこから何を選択して取り入れるのか、そのためにはどうすればよいのか――などは、自分がこれまでに学んできたことによって決まる。外部の世界を構成するものはすべて変化し、それには原子と分子で構成されるすべての物体も含まれる。変化とはわれわれが生活しているこの物理的な世界の自動的な機能である。

一方、（プラスやマイナスのエネルギーを持つ）心の世界はわれわれが経験した情報を選別し、その経験の質に応じた信念を蓄積する。エネルギーは原子と分子で構成されないので、時間の経緯によって変化することはない。つまり、エネルギーは時間を超越した物理的な次元の外に存在し、われわれはそれを五感で認識する。時間がエネルギーの質（プラスやマイナスの度合い）、外部環境からの情報をどのように認識するのか、それがひとつのフォースとしてわれわれの行動にどのように作用するのか——などに影響を及ぼすことはない。

常に変化する外部の世界と調和するため、心の世界を自動的に変えようとしてもそれは無理である。心の世界に蓄積された外部世界の情報は、それがどれほど古くて無用に、または有害にさえなっても、時の経過とともに変化することはないからである。こうした古い知識がわれわれの行動に対して阻止的なフォースとして作用すると、完全に間違った方法で外部の世界と交流することになる。変化してやまない外部の世界はわれわれに対して、学習・適応しなければならないフォースを突き付けてくる。例えば、マーケットの状況変化はそのつど見えるが、われわれが生活する世界では変化をもたらすフォースの影響はかなりゆっくりと顕在化するので、それを目で見ることはできない。このときに問題となるのは、状況が変化してもわれわれが常に注意していないと、そうした変化を見逃してしまうことである。そうなるとその変化に気づいたときは、その外部世界の情報がすでに陳腐化していたということもよくある。

第12章 目標達成のダイナミズム

満足のいくようにニーズを満たし、目標を達成するには、まず最初にそれらを明確にしてその実現プランを策定しなければならない。しかし、これは思っているほど簡単なことではない。心のなかの強力なフォースである好奇心は自らのニーズを満たそうとするが、その目的が達成されるまでわれわれと外部の世界はアンバランスの状態にある。何らかの活動、人物や物などに心が引きつけられても、古い記憶・信念・連想などのフォースがバリアとなって、ときに目標実現のプランを作成するのは難しくなる。したがって、われわれはニーズや目標の達成を妨害するこうした古いフォースが心のなかに存在しているということをよく理解していなければならない。

ニーズや目標達成の二番目の条件は、われわれが交流する外部世界のいろいろなフォースをよく知ることである。三番目の条件は外部の世界と効果的に交流するために必要なスキルを磨くこと、四番目の条件はそうしたスキルの実行能力を身につけることである。われわれが望み、期待し、必要とすることとそれを実現することはまったく別のものであるが、この二つの関係は既知と未知の知識、またはすべきこととそれを実行するスキルなどに相当する。知るべきことが分からないというのは、自分が望むものや必要としているものを手に入れる能力、またはそれが得られる可能性を客観的に（幻想を持つことなく）評価できる能力が欠如していることを意味する。換言すれば、自分の望むものをすぐに、または希望する程度に、もしくは希望する期間までに手に入れるのが難しいというのは、実際に得られるものを認識する心の枠組みがまだできていない証拠である。

一方、欲しいものを手に入れることができる場合でも、そのことをはっきりと認識できないこともある。そうしたときはよく「～であれば」「そのときこのことを知っていたら」というような言葉を発するものだが、そのとき知らなかったということとそのときの状況をどのように見ていたのかには大きな違いがある。しかし、われわれは望むものと得られなかったものの間には大きな違いがあることに気づいていない。つまり、望むものを得られなかったというのは、もっと学ぶべきことがあったのにそのことが分からなかったからにほかならない。そうしたことをきちんと認識できる心の枠組みができていれば、学ぶべきことは分かっていただろう。

われわれが力づくや策略によってほかの人から望むものを得ようとすれば、それらの人々に対して自分の信念を曲げた行動を強制することになる。自分の望むものと彼らの信念が一致していれば、そこには何らかの調和が生まれるので力や策略を使うは必要ない。われわれが力や策略を行使するというのは、彼らとの間に心のバランスが取れていないからであり、将来のいつの日か彼らから報復を受けることになるだろう。大切なことは外部の世界に自分の考え方を合わせることであり、それができればわれわれの経験の質も変わってくるだろう。

一方、すべきことを実行するスキルがないという問題については、望むものが得られるかどうかを客観的に評価し、最もふさわしい対策を考えるべきであるが、そのことは必ずしもそれを実行できるスキルがあることを意味しない。望むものを手に入れるためのスキルや自分の能力を過小に評価したり、過大に評価していることもあるからだ。さらにそうしたスキルを持っていても、望むものを手に入れる適切な方法の実行を妨げる信念や恐怖心もある。一般にそうした信念や恐怖心ははっきりと自覚できるが、ほとんど自覚できないものもある。そうした潜在的な信念とは意識的な思考プロセスでは自覚できないもので、例えば水に入るのが怖く、水に対する恐怖は自覚できるが、水による苦痛の経験はまったく思い出せないようなケースである。

これについては、記憶（memory）と想起（recollection）をはっきりと区別する必要がある。記憶とは外部の世界で経験したことであり、その記憶を意識的な思考プロセスに乗せる能力が想起である。われわれはある記憶をはっきりと思い出せるが、それはその記憶の保管場所に至るルートをよく使うからである。それはそうした記憶を思い出す方法が分かっているということである。これに対して、潜在意識に隠れている過去の経験も少なくない。それらは、①その保管場所に至るルートをあまり使わないので、思い出す方法を忘れてしまった、②本来は五感によって知覚されるものがまったく自覚できない――ような経験である。

しかし、われわれがまったく思い出せないとしても、心の世界に保管されたそうした経験が消滅したり、または存在しなくなったわけではない。子供のときに教えられた何らかの信念や経験を意識的に思い出す能力が、心の世界にはもはや影響を及ぼさなくなったということである。意識的に思い出せる経験は時間の経過とともにおぼろげになっていくが、物理的な時間が電気エネルギー（エネルギーの質）やそうした心のフォースに影響を及ぼすことはない。例えば、「時はすべての傷をいやす」という古い格言があるが、そうしたことも心の世界には当てはまらない。時間は身体の傷はいやすが（身体は時間とともにすべてが変化する物理的実体のひとつであるからだ）、（物理的実体ではない）心の世界に蓄積された記憶に影響を及ぼすことはない。心の世界に蓄積されたエネルギーは、時間が経過しても変化することはない。

一方、心の傷（マイナスの心のエネルギー）はそこから解放されるか、またはそれを変化させないかぎり、それをいやすことはできない。多くの人は時間は心の傷もいやすと考えているが、それは何年もたつと過去のつらい経験の苦しみも次第に薄れたり、そうした苦い思い出から自分を守る心の防衛策ができてくると思っているからである。事実、そうした心の傷を意識しなくなったり、その影響力を弱める抵抗力がついてくると思えてくる。身体に傷を負ったとき、われわれはその時期をよく覚えている。例えば、足を折ったら歩けないので、骨折したときのことはよく覚えている。傷が順調に回復しないときも、やはり以前のようには歩けないのでそれを忘れることはない。しかし、心の傷はそれほどはっきりしたものではなく、自分がその原因を作った張本人であることもよく忘れてしまうので、そうしたマイナスのエネルギーの影響が弱まっていくように思えてくる。

子供のときの遠い過去に起こったことが、今の外部世界の認識の仕方や自己表現の方法に依然として影響を及ぼしていることに気づいている人は少ない。われわれが経験するすべてのことは何らかの形で心の世界に蓄積されており、それらはわれわれが外部世界を経験するときに大きな影響を及ぼしている。恐怖の原因となる過去の経験を忘れようとしたり、または恐怖を意識的に自覚しないように物事を合理的に解釈したり、薬物やアルコールに依存する人もいるが、心の世界からそうした恐怖心をどれほど排除しようとしてもけっしてなくなることはない。その原因となった過去の経験が思い出せなくても、記憶のなかに蓄積されたそのエネルギーはことあるごとに顕在意識に上ってくる。

心の世界に刻まれた記憶・信念・連想は時間が経過しても、またはお酒を飲んでも消えることはなく、さらには思い出さないように潜在意識のどこかに閉じ込めようとしてもそれは無駄である。それらをうまくマネジメントしないかぎり、生涯を通じて外部世界の情報を選別したり、自己表現するときのフォースとしてわれわれに影響を及ぼし続ける。皆さんは悪い習慣を直そうとしたり、緻密に練ったプランを実行するのがとても難しいという経験をお持ちであろう。それは心の世界にあるそうしたフォースが抵抗力としてわれわれの意思を邪魔するからである。何かをしようという意思のなかには記憶・信念・連想でサポートされているものもあれば、そうでないものもある。そうしたフォースでサポートされている意思は両者の間に対立がないので、あまり大きな努力をしなくても実行できる。しかし、自分の意思が記憶・信念・連想と調和しないときは、心の葛藤が生じたり、気が散って意識を集中することができず、いわゆる「バカな間違い」を犯すことになる。

「例えば、長年タバコを吸ってきた人が喫煙は悪い習慣であると思い、禁煙を決意したとしよう。その人は自分では禁煙者になったと思っているが、最後の一本を吸い終えたあとは、喫煙者であるという長年の信念がついタバコのほうに目を向けさせるので、気がついたらタバコを吸っていたというようなことになる。やがて彼らは、肺がん、肺気腫、慢性閉塞性肺疾患、喫煙に起因する衰弱性疾患と診断され、健康を害することになるかもしれない。彼らの多くは、何十年もかけて築き上げてきた「自分は喫煙者だ」という信念のせいで、「より長く生きたい」という信念と、「もう一本のタバコを吸いたい」という信念に矛盾があることに気づかず、最後までタバコを吸い続けるのだ。なぜだろうか？　ほとんどの人は、自分の頭で考えるということを教わっていないからである。そのようなことでは、矛盾に満ち、非生産的な信念など一掃することなどできない」――ポーラ・ウエッブこれなどは意思と信念が対立し、意思が心の世界に蓄積された信念にサポートされない好例である。つまり、信念のレベルでは自分は禁煙者であるとは思っていないのである。タバコを吸わないという行動のエネルギーが、自分は生まれ変わるという意識的な気持ちから出てきたときでも、長年にわたって蓄積されてきた（自分は喫煙者であるという）信念のエネルギーに簡単に打ち負かされることもよくある。そうした信念はものすごいエネルギーをもって、その人の意識（ついタバコに目が向いたり、タバコのことを考えてしまう）や行動（タバコを一本手に取って吸ってみる）に圧力を加える。

このように意思を実行するには心のサポート（記憶・信念・連想）が必要であるが、両者が対立すると意思を実行するのはかなり困難である。「バカな間違い」を犯すというのは、潜在意識下にあるそうした信念が意思と真っ向から対立している証拠である。例えば、相場で成功するために膨大な時間、エネルギーそして資金を注ぎ込み、トレードについて多くの知識を得たトレーダーが依然として上手にトレードできず、または事前に決めたトレーディングプランを実行できないケースもよく見られる。またようやくコンスタントに利益が出るレベルに達したものの、それ以降のわずか数回のトレードでそれまでの利益をすべて持っていかれるトレーダーも少なくない。それまでの利益をすべて失うというのは、そのトレードの仕方が利益の出ていたときと違っていたからであり、そうした取ったり取られたりというトレードを繰り返すのはけっして偶然ではなく、ちゃんとした理由がある。

こうしたトレーダーは立派なトレード戦略を持ち、成功するトレーダーになるという固い意志を持っていたが、残念なことにそうした気持ちと真っ向から対立するもろもろの信念（顕在・潜在意識の両方）のエネルギーを弱めることができなかった。例えば、投機とは相いれない宗教上の教えのなかで育った人は、何の見返りも与えないでほかのトレーダーからお金を奪うことに大きな罪悪感を感じるだろう。また厳しい職業倫理を教え込まれて成長してきた人も、お金を得る方法については厳しい考えを持っているだろう。相場の世界とはこうした宗教・職業観とはまったく次元の違うところである。

どれほど高度なトレード戦略を持っていても、心の世界にある信念がトレードという行為やトレードによってお金を得ることを認めていなければ、トレードミスを犯したり、そうしたミスを繰り返す自分に無力感を感じ、最後にはそうした心のアンバランスによって大損を被るだろう。そうしたときにその原因が分からないと、自分はトレードに向いていないのではないかという気持ちになってしまう。そうした無力感や恐怖心を抱くというのは、自分の行動を大きく左右する心の内なるフォースをうまくコントロールできないからである。こうしたことが理解できなかったり、それにうまく対処する方法が分からないトレーダーは、自分の行動を左右するそうしたフォースに対抗するため、心のなかにバリアを築こうとする。もちろん、そうした試みはうまくいかず、事態はさらに悪化するものである。

例えば、アルコール依存症の人を例に取ると、そうした人は自分が大酒飲みであることを知っている。こうした人は自分でコントロールできないそうした心の内なるフォースから逃れようとしていわば脅迫観念的に酒を飲む。しかし、そうした心のフォースをブロックしようとすればするほどそれはいっそう強固になり、それに対抗するためにまた酒を飲むという悪循環を繰り返す。そうすると心は次第に荒廃し、最後には心身ともに退廃していく。そうした人は「私はアルコール依存症から脱却しなければならない」と思うだろうが、本当は「私に最初にアルコールを飲ませた問題と正面から取り組まなければならない」と言うべきである。

このようにわれわれの意思と対立する古い記憶や信念の存在を忘れたり無視しようとしても、われわれの行動を左右するそうしたフォースの力を弱めることはできない。自分の行動を変えたいときは、行動をコントロールする心の内なるフォースを変えなければならない。心のエネルギーをマネジメントするというのは、恐怖心から自分を解放することによって心の傷をいやす、心のなかにある信念の極性（プラスとマイナス）を変える、意思を妨げるような信念のエネルギーを弱める――ということである。心の世界に蓄積された記憶・信念・連想などを適切にマネジメントする方法が分かれば、顕在意識に上ってくる過去の苦い経験の影響も次第に薄れていくだろう。

以上、われわれの人生に大きな影響を及ぼす三つのフォースについて述べてきたが、それらをまとめると次のようになる。まず最初に、外部世界のすべてのフォースはわれわれの経験の原因となり、われわれが経験するものはその結果である。それらのフォースにはわれわれが理解しているものとそうでないものがある。それらを理解し、それに基づいて行動する程度は、自分のニーズと目的を達成するために外部の世界と交流するときに得られる満足度と正比例する。そうした外部世界のフォースは、原子と分子で構成されるこの物理的世界のすべてを変化させる（時の経緯とともに老朽化させる）。例えば、本書を読むために座っているイスも時の経緯とともに老朽化し、やがてはわれわれの体重も支えきれなくなるだろう。

次は外部の世界のことを知り、それと積極的に交流したいと思う、一見すると生まれながらにして備わっているような好奇心や探求心などのフォースである。例えば、われわれは外部の世界について知りたいという自然の興味はあるが、残念なことにそれは生来の好奇心ではない。それはちょうど音楽家、消防士、俳優や医者になりたいという希望のようなもので、そうした職業に就きたいと思うのは安定した生活が送れるからである。しかし、本来の興味が持てない職業に就いても、言いようのないむなしさを感じ、人生に何かを忘れてきたような錯覚に陥るだろう。われわれが外部の世界に対して生まれながらにして興味を持ったり好奇心を抱くのは、そのフォースがわれわれという存在の最も深いところからわき出たときだけである。それは自己実現に向けた強力なフォースであり、外部の世界で想像したり興味あるものを探求するが、ときに外部世界のフォースやわれわれの古い信念と対立することもある。

三番目は、記憶・信念・連想などの心のフォースである。それらは生来の好奇心や探求心などのフォースとも異なり、外部の世界と交流したときの経験を通じて形成されたものである。

一方、生来の好奇心や探求心とは生まれながらにして備わっているフォースで、いわば遺伝子に刻み込まれたものとも言える。われわれの記憶・信念・連想などには外部の世界と交流するときに満足感といったプラスの効果をもたらすものもあるが、そうでないものもある。それらの記憶や信念はわれわれの視野を古い知識の範囲だけに閉じ込めたり、生来の好奇心を妨げることによって、不満や敗北感などの苦しみをもたらす。つまり、心の成長を妨害するようなフォースである。外部の世界と交流して自分のニーズと目標を達成するには、これらのいろいろなフォースの性質をよく理解していなければならない。

「老犬に新しい芸を仕込むことはできない」という古い諺があるが、これは「老犬は新しい芸を学ぶことはできない」と言い換えるべきであろう。しかし、われわれは年を取っても新しいことを学ぶことはできるが、そのときに問題となるのはそれに必要な能力や意欲ではなく、それを邪魔する心のなかの抵抗力や拒否のフォースである。そうしたフォースは既知の知識から出てくるもので、「知るべきことは何でも知っている」と語りかけてくる。外部の世界にそうした態度で臨めば、その影響が破壊的なものになるのは言うまでもない。そうした人は心の世界を変えることを拒否しているのであり、いずれやって来る苦しみから逃れることはできない。こうした知ったかぶりの態度をほかの人に見るのは簡単であるが、大切なことは自分のなかにそうしたこと（古い記憶・信念・連想が外部世界の新しい経験を妨げること）が起こっていないかどうかを知ることである。学び続けるというのは外部の世界に適応していくことであり、そのためにはそれを妨げる心の世界の構成要素（記憶・信念・連想など）の極性を変えたり、マイナスのエネルギーを抜き取らなければならない。

「このように外部の世界に適応していくには、学習や変化に対して柔軟に受け入れることが重要になる。考え方を学び、時代遅れの思考パターンを変えることは良いことだと思わなければならない」　――ポーラ・ウエッブ

古い記憶・信念・連想などによって狭められた世界を超えた視点に立って物事を考え、さらに過去の苦い記憶というマイナスの影響から自分自身を解放するために、心のエネルギーをマネジメントする方法も知らなければならない。苦い記憶の極性（マイナスのエネルギー）を変えれば、それはもはや苦痛ではなくなり、恐怖心を生み出す源泉にもならないだろう。恐怖心はその対象のほうにわれわれの目をくぎ付けにすることによって、外部世界の選択肢を大きく制限する。それによってわれわれは回避したいと思うそのものを心のなかに創造している。もっとも、苦い記憶の極性を変えたとしても、その記憶の内容そのものが変わるわけではない。つまり、そうした経験そのものを忘れることはできないが、そのエネルギーの質をマイナスからプラスに変えることができれば、恐怖心を引き起こすそうした記憶のパワーは弱まり、われわれの外部世界を経験する範囲は大きく広がるだろう。

そのためには次の三つの基本的な条件を心のシステムに刻み込む必要がある。まず最初に、われわれは知るべきことのすべてを知ってはいないことを理解する必要がある。われわれに影響を及ぼす未知のフォースがなくなるということはなく、それゆえに外部の世界について常に学び続けなければならない。われわれは生まれてから死ぬまで常に学習の途上にあるが、それはわれわれの知性ではすべての外部情報を同時に認識することはできないからである。

二番目の条件は、習得した知識は何らかの強制（失望などによる不本意な契機など）ではなく、自らの選択（生来の好奇心や探求心など）によって得られるのが望ましく、痛みの伴った知識などは自己実現にあまり役立つことはないだろう。三番目の条件は、満足をもたらすような知識であっても、外部世界の変化とともに常に変わっていくということである。換言すれば、人生に満足と幸福をもたらすような知識でもその一部を入れ替えたり、全面的に更新しなければならないときもある。すでに学んだ知識の更新を拒否するというのは、ちょうど何でも知っているのでこれ以上学ぶ必要はないと言っているようなものである。永久に満足のいく状況が続くならば、外部世界に適応する努力も不要かもしれない。しかし、外部の世界と交流するときにあまり満足感が得られなければ、それはまだ学ぶべきことがたくさんあるという証拠である。

その瞬間の認識

以上の条件をよく理解すれば、すべての瞬間は自分の成長レベルを完全に反映したものであり、自分を成長させるには何が必要なのかも分かってくるだろう。例えば、ここにトレードでお金を儲けたいと考えるひとりのトレーダーがいるとする。彼はチャンスが来たと考えて出動したが、トレードミスの恐怖はまだ消えていない。その結果、そうした恐怖心は彼が間違っていることを示す証拠を排除するような情報だけに目が向くように作用する。恐怖心とは回避したい状況をわれわれに警告する自然のメカニズムである。トレードに関するそうした状況とは、これまでのトレードミスの苦い経験から苦痛や屈辱感などが想起されるときである。もしもマーケット（またはほかのトレーダー）が彼に対して彼の望むこととは反対の情報を伝えたとしたら、彼は恐怖心からそうした情報を歪曲化するか、またはその人に対して「そんなことは言うな」と怒鳴るだろう。彼は心のなかに蓄積された過去のそうした苦痛を思い出したくないからである。

マーケットは彼が望む（または期待する）ものとは違う情報を提供し、彼としてはそうした情報を回避したいのだが、彼の恐怖心はまさに回避したいそうした経験を創造する。例えば、相場が彼のポジションの方向とは逆行したとき、そうした状況と向き合うときの苦痛があまりにも大きいと、彼はそうした状況を直視するのを避けようとするだろう。しかし、損失がさらに膨らんでそれ以上の損失に耐えられなくなったとき、彼は自分の間違いを認めざるを得なくなる。

このトレーダーの例にも見られるように、われわれの行動結果はそのときの自分の総体として外部の世界に映し出される。目標とは外部の世界に投影するわれわれの意思であり、将来に達成したいニーズである。ニーズとは必要なものが欠如しているときに感じるもので、われわれはそうしたニーズを満たす方法を外部の世界に探し求める。そしてわれわれの心の世界に入ってくる外部世界の情報とは、認識できるすべての情報から恐怖心などで排除された情報を差し引いたネットの情報である。すなわち、①外部の世界が提供するすべての情報、②そこから識別される情報、③これまでに習得したスキルによって得られる情報――の合計から、それらと相反する記憶・信念・連想または恐怖心などが排除した情報を差し引いた残りの情報で、これはその時点におけるわれわれのすべての知識と行動を反映したものである。

人生におけるその瞬間の完全性を認めなかったり、またはそれを受け入れないというのは、自己成長にとって必要な外部世界の情報を拒否することである。そして効果的に自己表現するときに必要なスキルが真のスタート地点となる。それにはまず必要なスキルとその習得法を理解する必要があるが、そのためには自分という存在の総体を反映しているそのときの行動結果を受け入れなければならない。こうしたスタート地点がなければ、われわれの行動は幻想に基づくものとなる。

幻想とは実際の知識よりも多くのことを知っている、または実際にできること以上のことができると思い込んでいる信念から生じる。われわれは外部の世界も自分と同じように考えていると間違って解釈し、それに反するような情報を排除する傾向がある。つまり幻想とは、①学ぶべきことを知るには、自分という存在を完全に反映しているその瞬間を受け入れる、②自分はすでに完全な存在なのでもはや学ぶべきことは何もない――という二つのことの落差を意味する。もしもわれわれが知識と能力という点で完全な存在であれば、不満を述べたり、思ったように事が運ばないときに言い訳をしたり、合理化や正当化するようなことはないだろう。「～すべきだった」「～であったら」などと言うのは、われわれが幻想を抱いている証拠である。そうした仮定は、われわれの認識と行動に影響を及ぼすすべての構成要素（顕在・潜在意識の両方）を考慮したベストの行動であろう。外部世界の状況をこれまでとは違う角度から見たり、従来とは異なる対応策を取るためには、真のスタート地点となるその瞬間の完全性を認めてそれを受け入れる必要がある。

あの仮定のトレーダーが一貫して利益を出せるようになるには、マーケットはいつでも正しいことを理解し、自らの行動に順守すべきルールを設けることによって、そうしたマーケットの正しさから利益を上げる方法を学ぶことである。そしてマーケットの動きを客観的に観察できるようになるには、トレードミスの恐怖心から自分を解放しなければならない。そうした恐怖心が度重なるトレードミスを引き起こすからである。さらに自らの行動を律する明確なトレんらを順守すべきである。それができれば、損失が膨らんでいくこともないだろうし、損失を恐れてポジションを手仕舞うこともないだろう。しかし、損失を出したのはマーケットのせいだとして、現在の自分のスキルレベルを認めなかったり、自分のトレード結果に責任はないなどと言い訳していれば、それはまだ幻想を抱いている証拠である。今の自分という存在を否定し、望ましい自分になるために必要な情報を自ら排除しているからである。外部の世界と真に向き合うというのは、自分自身と正面から向き合うことである。幻想を抱かなければ、都合の悪いマーケット情報を排除することもなくなり、そのときの状況を正確に認識できるようになるだろう。

　われわれは自分の弱さを認めたくはないが、自分が成長していくためにはそれを乗り越えていかなければならない。そうでなければ、幻想の人生が続くことになるし、それにはアルコールや薬物が必要である。そして最終的にそうした生活が破綻すれば、強制的な自覚という大きな苦しみを味わうことになる。自分自身と外部の世界に向き合うことは、幻想の覚醒からもたらされる強制的な自覚よりはまだ苦しみが少ないだろう。自分の内なる世界と向き合うというのは、不満の悪循環を満足の好循環に変える最初のステップである。自分の目標を達成するには、ありのままの自分と外部の世界に正面から向き合い、効果的に活動するには何が必要なのかを考え、それを実行することである。

すべてのトレーダーは自分が成功に値すると考えている

　トレーダーは自分の好きなときに仕掛け・手仕舞うことができる。そうした意思決定のプロセスは、心の世界に蓄積されたすべての構成要素の総体を反映している。そうしたすべての構成要素をピックアップし、それらが持つエネルギーの質を測定したあと、プラスの自己評価の要素からマイナスの要素を差し引いたネットの要素の総体、それが自分の価値となる。このネットの自己価値とは一日、一カ月、または一年間にマーケットから得られる利益と損失額の合計と言い換えてもよい。

　おそらく、こうしたコンセプトは受け入れるのがかなり難しいだろう。われわれはトレードするときに何らかの考えを持っており、証券会社が証拠金不足を理由にポジションを清算するとき以外は、だれもわれわれのマーケットへの出入りを強制することはできない。そして各トレードでは利益や損失となる可能性があるが、そのときの決定は自分の認識とそれに影響を及ぼす心の世界のすべての構成要素を反映したものである。自分の行動とは意思決定とそれに基づく実行の結果であり、そのときの心の世界の構成要素すべてが自己評価につながる。

　トレードとはお金を累積する作業とも言えるが、いったんトレードを始めると、その結果の責任はすべて自分が取らなければならない。もしもトレーダーが株式チャートを作成すれば、それは一日、一カ月、または一年間の心のなかの葛藤や信念を反映したものになるだろう。それがバーチャートやポイント・アンド・フィギュア、または支持圏・抵抗圏・揉み合い圏、上昇と下降、押しと戻りなどを表すチャートであっても、それらはそのトレーダーの心の状態を映したものとなる（マーケットがすべての市場参加者の心の総体を反映しているのと同じである）。

そのトレーダーにマーケットのいろいろなシグナルを読み取る能力があれば、そうしたチャートは相場の方向を予測する大きな価値を持つ。例えば、巨額の資金を運用し、高度な技術を持つ証券会社などは、ＣＴＡ（商品投資顧問業者）にそうしたチャートを提供して資金運用を任せているが、それらのチャートは個人投資家が作成するものとそれほど大差はない。その意味では一般トレーダーもチャート作成とそれによる相場の予測に長じてくれば、それはちょうどマーケットのすべてのフォースがある方向に蓄積されて大きな動きとなるように、心のなかに蓄積されたフォースによって大きなチャンスをとらえることもできるだろう。

トレーダーがマーケットからできるだけ多くのお金を引き出すには、自己価値というものをよく知り、自分という存在を望むものや得たいものに値するようにしなければならない。それができれば、トレードによってマーケットから利益が得られるが、そうした利益を累積していくには心のサポートが必要である。そうした心のサポートがないと、相場の世界でよく見られる貧乏→金持ち→貧乏というジェットコースターに乗ることになる。自分の価値を見極める最初のプロセスは真のスタート地点を知ることであるが、それにはマーケットと自分自身をどれだけ理解しているかを反映した自らの行動結果に責任を取り、自らを省みるとともに、自己を成長させることに専念することである。

第13章 心のエネルギーをマネジメントする

「心のエネルギーをマネジメントする」とはどういう意味なのだろうか。実はわれわれは日常生活でよくそうしたことをしているが、それと自覚していないだけである。例えば、ちょっとした心の傷（侮辱的な態度を取られたなど）を受けても、心のエネルギーを注ぐことによって感情は逆上状態にまで高揚する。あとになって侮辱を受けたときの状況を考えるとこのように感情が高ぶるものであり、われわれが何を考えるかによってそうした心の傷にエネルギーを注いだり、興奮が収まったりする。例えば、破壊的なことを考えると、マイナスのエネルギーが注入されて心の傷はいっそう深くなる。極端なことを考えると感情が高ぶるのは当然であり、逆に考え方次第では高ぶった感情も収まってくる。しかし、心に注ぐエネルギーという点から見ると、感情を高揚させるよりも沈静化することのほうがはるかに難しい。マイナスの経験のことを考えているときよりも、怒りで興奮しているようなとき、心のエネルギーをマネジメントすることができるだろうか。

一方、プラスのことを考えると心の傷からマイナスのエネルギーが抜けていく。われわれが怒ったままの状態でいたいときは、その怒りを静めるようなものには耳を傾けようとはしない。いわばこうした「理性の声」を聞こうとしないとき、われわれは心のエネルギーをマネジメントしていないのである。頭に血が上っている人がこうした理性の声に耳を傾けようとしないのは、それが今の感情を変えてしまうと思っているからである。つまり、考え方を変えれば感情の状態も変わり、外部の世界で経験することも変わってしまう。考え方を変えることには大きなメリットがあるにもかかわらず、そうしないのは、こうした思考の利用法を拒否しているためである。われわれは日常生活のなかで、自分の目的を実現するためによく心のエネルギーをマネジメントしている。心のエネルギーは使い方次第で破壊的にもなるし、建設的な目的に利用することもできる。カギとなるのは考え方と目的であり、自分の考えを意識的に特定の目的に集中すれば、心のなかのマイナスの構成要素も変えることができる。

思考（考え方）は心の世界を変える強力なツールである。われわれは思考によって、心の世界に蓄積されたいろいろな構成要素の極性（プラスとマイナス）を強化したり弱めたりするなど、思いどおりに変化させることができる。思考とは一種のエネルギーであり、電気や光とほとんど同じである。電気や光が原因として作用し、外部の世界に何らかの結果を引き起こすように、われわれの思考もひとつの原因として作用し、心の世界にそれに見合った結果を生み出す。思考を心のなかに向ければ、それがひとつのエネルギーとなっていろいろな信念を変化させるので、自分の考え方を変えることによって古い信念を刷新したり、過去の苦い記憶からマイナスのエネルギーを抜き取ることもできる。

われわれは思考が持つこうしたパワーによって、外部世界のマイナスの情報（他人のいろいろな意見）から自分を守ることができる。われわれは何かを考えるとき、それがパワーとなって心のあり方が変わることを本能的に知っている。心のあり方が変われば、外部の世界で認識・経験することも変わってくる。心の世界と外部の世界の関係を変えたくないと思えば、両者の関係を変化させるような要因に目を向けたり、それについて考えるのを意識的に避けなければならない。逆に何かを変えようと思うならば、まずは考え方を変えることである。

私は、もしも自分が精神的に成長したい（つまり、学び続けることによって自分の価値を高めたい）と思わなかったり、または自己実現ということも意識しなければ、神はわれわれに思考・推理・創造する能力を与えなかったであろうと信じている。そうした思考・推理・創造する能力とは、われわれが直面したり経験する苦しい状況や不満足な生活環境から抜け出す方法を見つける生来の能力である。現在の苦しい状況とは過去の苦い経験に端を発し、それ以降に増幅されたものである。思考・推理する能力とはこうした心の傷をいやし、恐怖心のない状態で外部の世界を認識する能力であるとも言える。心の傷をいやすには、心のエネルギーをマネジメントする方法を知らなければならない。過去の苦い記憶を潜在意識に追いやってそれを忘れようとすることもできるが、それはわれわれの外部世界の認識と行動を根本的に変えるものとはならないだろう。

われわれは生まれながらにして想像力というものを与えられている。それは心の世界に蓄積されたいろいろな記憶・信念・連想を超越して考える能力であり、外部の世界をありのままに知覚する能力とも言える。「（苦い記憶・信念・間違った連想などによる）今の限界を超越して推理したり、または想像力を創造的に利用する能力とは、われわれが個人や人類として経験・蓄積してきた、破壊的で苦痛なライフサイクルを乗り越えて成長・進化するためのフォースである」。ただし、注意しなければならないのは、何かを行う能力（ability）は潜在能力（capability）とは違うことである。潜在能力が能力となるには、スキルが伴わなければならない。例えば、われわれは想像力を使って自分のニーズや目的の達成を将来に視覚化・投影することはできるが、それは必ずしも想像力を創造的に使っているとは言えない。

「われわれは記憶していることや、もっと重要なことを信じているのに行動に移さないことを、想像力を使って未来に投影してみることもできる。自分は変わることができるということが分かれば、それができるのだ」　――ポーラ・ウエッブ

こうしたことは思考についても同じである。われわれの現在の考えは過去の記憶や信念に基づいており、将来の考えも現在の信念などがベースとなっている。満足のいく未来を創造する

には、心のなかでそうした未来を想像し、将来の外部世界にそれを投影しなければならない。すでに知っているものを超えて想像しないかぎり、未来に投影するものとすでに心のなかに存在しているものが同じというこれまでの状況が変化することはないだろう。

思考に関するただひとつの制約は、これまでに教え込まれてきた、または自分で作ったいろいろなルールである。われわれはすでに信じていることや経験したことだけに思考の範囲を限定しているわけではない。思考を自由に駆使していろいろな可能性と選択肢について考えたり、さらにそうしたことを妨げる心のなかの古いルールを変えることもできる。今よりも幸福で楽しい生活のことを考えられないとすれば、われわれには思考・推理・創造する能力はないと言える。

外部の世界で苦しい状況ばかりを経験しているというのは、楽しい結果につながるようなその他の選択肢のことを考えていない証拠である。われわれが認識することはすでに知っていることとダイレクトに関係しており、これまでの古い記憶・信念・連想などに閉じ込められた経験以外の新しい選択肢に目を向けるというのは、まだ知らないことに目を向けることである。つまり、不満だらけの今の生活から脱出するには、従来の知識の範囲を超えた新しい考え方が求められる。外部の世界はわれわれにいつでも成功・幸福・調和・愛のチャンスを提供する一方、絶望・失望・怒り・憎しみ・裏切りなどの状況も突き付けてくる。そのいずれの状況を経験するのかはわれわれの心のあり方によって決まり、外部の世界は自らが提供する情報についてあれこれと解釈することはない。第10章で言及した「タダのお金」のケースを考えてみると、街頭の男がタダのお金をあげると言っても、通行人はそうした状況を自らの経験に照らして解釈していた。

創造性とは変化や発展と同義である。これまで存在しないものを作り上げることが創造であり、すでに存在していれば、それはすでに創造されたものである。想像力を創造的に使うとは、すでに知っているものを超えて考えることであり、そうした創造的思考に慣れていない人にとっては、心の世界に蓄積された有用なものを疑うことが新しい可能性に目を向けるきっかけになると言えばびっくりするだろう。われわれは古い記憶や信念をベースに過去の延長線上に未来を考える傾向があり、こうした思考サイクルから抜け出さないかぎり、将来もこれまでと同じような経験を繰り返すだろう。心の枠組みを一新してこれまでとは違うことを考えないかぎり、将来に経験する状況や環境はいくら名称や場所が変わっても基本的には同じものである。

「『必要は発明の母』と言われるが、新しい機械や道具、省時間またはコスト削減プロセスなどを創造するとは、トレーダーとしての成功と満足のいく人生を手に入れるために『新しい自分を創造する』ことと同じである。その必要性がフォースとなって思考を引っ張り、これまでの思考枠を超えた広い世界にわれわれを連れて行くのである」　――ポーラ・ウエッブ一方、その邪魔をする抵抗バリアは過去の苦い記憶や古い信念であり、それに対抗するフォースが創造的な思考と意欲である。

われわれの知識はいつでも不完全であり、われわれは完成という遠い目標に向けて発展途上にあると考えれば、人生はかなり気楽なものになるだろう。すべてのものは永久に進化の途上にあり、われわれも表面的にはそうは見えないが、今日の私は昨日の私ではなく、明日の私は今日の私ではない。物理的な世界でも生物の細胞は絶えず生まれ変わり、また心の世界でも新しい経験が新しい記憶や信念という形で絶えず心に刻み込まれている。新しい自己像を形成するそうした記憶や信念は、ひとつのフォースとして外部の世界に影響を及ぼしている。われわれが外部の世界と交流するとき、何らかの形でそれを変化させ、われわれが経験する新しい環境を創造する。この世に存在するすべてのものは絶えず進化しているが、それは進化という動きが変化を創造しているからである。壮大な山脈もいつかは小さな岩となり、最後には砂や粉塵と化する。

しかし、すべてのものが進化するとはいっても、間違いがすべてなくなるという意味ではない。われわれが間違いを犯すのはまだ知らないことがあったり、まだ学ぶべきことがたくさんある証拠である。われわれは間違いというコンセプトや定義を理解してこの世に生まれてきたのではない。子供はほっておかれたら生来の好奇心から自然に外部の世界と交流していろいろなものを学ぶだろうが、その経験によって形成される考え方は大人が教える基準とは異なるだろう。

　われわれ大人が考える間違いの定義とは親や先生などに教えられたもので、そうした定義は苦い経験を心の枠組みに刻みつけるものである。われわれは無知と知恵の違いをはっきりと自覚しないで、その両方を次世代の子供たちに伝えている。われわれ大人が子供たちに間違いのはっきりした定義を教えたとすれば、それは次世代に苦痛を伝えていることになる。われわれの理解力がいろいろな経験によって深い洞察の域に達するまで、間違いをなくすことはできないだろう。人間は心の傷を負って初めて自分の間違いに気づくとわれわれが考えているかぎり、恐怖の連鎖から逃れることはできない。そしてわれわれの理解力や洞察力が低い次元にとどまっているかぎり、恐怖心は学習意欲を阻害するフォースとして作用するだろう。親の世代がわれわれに間違い＝苦痛と伝えたように、われわれも次世代の子供たちにそれと同じことを教えている。こうした世代間の悪循環は、われわれが創造的なパワーによってこのサイクルを断ち切るまで続くだろう。

　われわれがこうした悪弊から抜け出すには、まず最初に「間違い」の定義を変えることである。楽しい生活を妨げる心のバリアとなっているのがこうした信念であるからだ。間違いと苦痛はほとんど同義に考えられているが、解釈の仕方によっては間違い＝苦痛とはならないし、従来の誤った考え方から自分を解放すれば生活はもっと楽しくなるだろう。われわれは自分でその知識を持っていると思ったときでも間違いを犯すが、間違いの定義を変えることによって、いわゆる間違いと解釈される結果を避けることができる。

例えば、間違いを犯して侮辱などを受けたときにマイナスの心のエネルギーを増幅させるよりは、自分の犯した間違いの定義を変えるほうがよい。それにはそうしたマイナスのエネルギーを弱める、つまり心のエネルギーをマネジメントする方法が必要である。われわれはそうした方法によって、間違いに伴う苦痛で自分を苦しめる代わりに、あらゆる経験を人生の糧とすることができる。自分を責めるような間違いの定義がなくなれば、目標達成のプロセスも客観的に見ることができるだろう。われわれの行動が目標達成のプロセスと一致していなければ、それは自分の考えがそうしたプロセスや目標そのものと調和していなかったり、またはその方法が適切ではない証拠である。そのいずれの場合でも、自分の目標を達成するには何をすべきかを明確にする必要がある。

心のエネルギーをマネジメントする方法

安心感と自信を高める

外部の世界とありのままに向き合い、最も効果的に活動する方法が分かれば、安心感と自信が高まるだろう。満足のいくように自らのニーズを満たすには、いろいろな状況に適応する方法を学ぶよりは安心感を高めたほうが良いだろう。心の世界では過去の経験は時間が経過しても変わらないが、外部の世界では目標を達成する方法はそのときの状況に応じて変化する。外部の世界は常に変化しており、われわれが心をオープンにしていればいろいろなチャンスや可能性がやってくる。自らのニーズと目標を達成するには、心の視点を自由に変えることによって、想像力を創造的に使うべきである。

真に成功するトレーダーとなるには、以上のような考え方が不可欠である。いろいろなフォースが影響を及ぼし、多様な可能性が存在するマーケットに対して、われわれは一部の限られた可能性しか見ていない。しかもマーケットはわれわれの狭い心ではとらえきれない動きを見せるので、それを歪曲化したり幻想を抱いたりすることによってあとで大きな傷を負うことになる。トレードが苦痛を伴ったり、つまらなく思えてくるのは、われわれの心に柔軟性がなく、またマーケットに適応する能力がなくなった証拠である。

満足感を高める

われわれは生きているかぎり、さまざまなニーズを感じるが、それはわれわれが完全な存在ではない証拠である。そして外部の世界に働き掛けることによって、そうしたニーズを満たそうとする。ニーズを満たし、完全な存在に近づこうとするには常に学び続けなければならない。

学ぶというのはわれわれが人間として存在する第一の条件である。学ぶことには満足と幸福感、安心感などが伴うが、それらは外部の世界と交流して得られた経験や知識の副産物である。一方、こうした学習意欲を妨げる抵抗フォースも存在し、そうしたバリアに直面したときにストレスを感じる。ストレスとは学習するときに感じる満足や幸福感とは正反対のものである。われわれが外部の世界に適応することを拒否すると、それは学ぶチャンスを放棄したことになる。外部の世界との関係が悪化すると、われわれの経験の質も低下する。常に変化し続ける外部の世界と変わることのない心の世界が調和するのは難しいので、われわれの心のなかには外部の世界に抵抗するフォースがよく台頭する。その結果、ストレス・失望・苦痛・不安・不満などを経験することになるが、これらを生み出す元凶は理解・洞察力の不足と恐怖心である。

直観力を高める

心の世界が変化すると外部の世界で経験するものも違ってくるが、いろいろな問題に対処する能力がついてくるとそれらを回避する方法も分かってくる。その結果、問題と正面から取り組む代わりに、アルコールや薬物などによるごまかし、事実の歪曲化や合理的な解釈、希望的観測などの回避テクニックを使うことになるが、最後には大きな苦痛を伴う強制的な自覚を強いられる。問題の解決を先送りすれば、状況はさらに悪化し、解決はいっそう困難になる。希望的観測が絡んだ問題の解決は特に難しいが、そのようなときはよくベストの解決策を示唆してくれる直観が大きな手助けとなる。直観を働かせるには心の世界から希望的観測の要因を取り除き、問題と正面から向き合ってその解決策を考えることである。例えば、相場は仕掛け値まで戻ってくるだろうという希望的観測を捨てると、ポジションを損切りして次のチャンスを待つ心の準備もできる。そのためには現実と向き合うことを回避したり、希望的観測で問題の解決を先送りしようとする心のフォースを変えなければならない。希望的観測を捨てると直観も働くようになり、自信を持って問題の解決に当たることができる。直観は常にベストの解決策を提示してくれる心強い味方である。

もっとも、誤解のないように断っておくが、私は何も希望的観測がすべて悪いと言っているのではない。そうしたものが必要なときもあるが、とりわけトレーダーにとっては希望的観測はマーケットとの関係を受け身的なものにするので極力避けるべきである。希望的観測は自らのトレードの責任をマーケットに転嫁し、現実を直視することを妨げる。希望的観測が台頭してきたら、それは次の行動が分からなくなってきた証拠であり、ポジションを手仕舞う潮時であると考えたほうがよい。

知恵

恐怖を克服して不満と挫折の悪循環を断ち切ったり、または苦い経験の極性を変えて苦痛の連鎖から解放されると、現実をいろいろな角度から見るという知恵がついてくる。知恵とは恐怖・怒り・不寛容・偏見などとは対極に位置し、高度な理解力・自信・自己信頼などを意味するが、それはいろいろな経験によって得られたものである。もしもわれわれにマイナスの経験しかなければ、心は恐怖心でいっぱいになっているだろう。その反対にプラスの経験しかなければ、恐怖心はないだろうが、マイナスの経験を持つ人に対して不寛容や軽蔑的な態度を取るだろう。

実はそのような態度は自分が傷つきたくないという恐怖心に根ざしている。例えば、外部の世界にはマイナスの状況も存在しているが、実際にそうした局面に遭遇しないとその怖さが分からず、また苦しい経験を示唆するような情報を識別することもできない。真に恐怖心を克服した人というのはそうでない人を見下すようなことはしないが、それはすでに恐怖心を持っていないからである。恐怖心を乗り越えてほかの可能性に目を向ける人は選択肢も大きく広がるし、知恵もついてくる。知恵とはマイナスのエネルギーや恐怖心を持たないで外部の世界を認識する能力とも言える。

知恵をつけるにはマイナス思考からプラス思考に考え方を変えなければならないが、それはマイナスの経験しかない人がプラスの経験をしてもそれが理解できないからである。現実をありのままに受け入れる心の枠組みが備わっていないと、プラスの経験をしてもその意味を理解することはできない。外部の世界とは心の世界の投影であり、外部世界からの情報は心のエネルギーによってコントロールされている。心の視点を意識的にマイナスからプラスに変えないと、恐怖心や怒りから解放されることはないだろう。そのどちらを選ぶのかはわれわれ次第である。われわれ人間は創造力と自由に考える思考という贈り物を与えられており、考え方を変えれば生活のあり方も大きく変わってくる。

第14章 信念を変えるテクニック

信念を意識的に変える

この章では心の世界の信念を変えるテクニックとその練習について説明する。意識する心が古い信念の枠組みを超えた思考を生み出す。換言すれば、われわれは古い信念の有効性を疑問視し、意図的に別の方向に意識を振り向けることによって、今の状況に適したいっそう有効なものを発見することができる。つまり、新しい知識は現状に疑問の目を向け、それを乗り越えて新しい解答を求める心によってもたらされる。こう言うと多くの読者はあまりにも単純化された説明であると思われるだろうが、信念を変えるということが実際にはどのようなことなのかを知っている人はそれほど多くはない。「何かが欲しければ、まずはそれを求めよ」。心の世界に変化を起こすには、まずはそれを望むことである。何かが欲しければそれについて考えるだろうし、考えれば思考のエネルギーがわいてくる。それは記憶・信念・連想が持つエネルギーと同じであり、思考には心の世界に蓄積された構成要素の極性を変えたり、それらのエネルギーを強化したり弱めたりするパワーがある。われわれは自らの思考を通じて、自分が望む新しいアイデンティティーを創造することができる。

今の自分のニーズに合わない信念から意識的に思考の方向を変えると、そうした信念のエネルギーは弱まり、最後にはそのパワーを失ってわれわれの行動に影響を及ぼすことはなくなる。しかし、信念そのものが消滅するわけではない。いったん心の世界に形成された信念は一生なくなることはないが、それらの信念からエネルギーを抜き取ることはできる。例えば、木が燃えるとそのエネルギーは火となって大気中に放出される。木は燃焼によって灰となり、もはや熱を生まない灰は環境に何の影響も及ぼさないが、灰そのものがなくなることはない。エネルギーを抜き取られた信念とは、まさにこの灰のようなものである。それはまだ心のなかに存在するが、われわれが外部世界の情報を認識したり、行動するときに影響を及ぼすことはない。われわれは子供のころ、歯の妖精やブギーマン（子取り鬼）の存在を信じていたが、大人になっていろいろなことを知ってくるとそうした信念の影響は自然に薄れてくる。しかし、そうした信念も子供のころは外部情報の認識や行動に大きな影響を及ぼしていたのである。かつて信じていたことを今も思い出すというのは、そうした信念がいまだに心のなかに存在していることを意味する（もはや心のシステムにパワーを振るうことはないが）。

すべての信念はいわゆる快感帯（comfort zone）というものを形成しており、その規模に応じて認識する外部情報が選別される。逆に言えば、そうした信念の快感帯が外部の世界をどのように認識するのか、さらには外部の世界とわれわれの関係を定義付けする。そこで問題となるのは、そうした心の信念を変えるときに闘争が起こるということである。火山、出産、社会的変革、風、雨、波などのあらゆる自然・社会現象を見ても、そこには変化をもたらすフォースの激しいぶつかり合いがある。多くの人々が創造的になれないのは、この問題を克服できないからである。われわれは創造性というものに心を引かれるが、古いものと新しいものとの対立や闘争にはあまり関与したくはない。われわれが古い信念を変えようとするときもこれと同じ問題に直面する。古い信念を新しい信念に変えるときは、こうした対立や心の葛藤を避けることができない。しかし、こうした問題も数多く経験していけば、ほかの技術と同じように身についたひとつのスキルになるだろう。

対立する信念を見分ける練習

一〇分という時間を取り、「私は～」で始まる一連の文章をできだけ速く書き、それに意識を集中する。そのときにそれらの文章の内容が対立・相反しているかどうかをチェックしてはならない。一〇分経過したところでそれら一連の文章を見て、事実のものは削除していく。例えば、「私は男性・女性である」「私は青い目をしている」「私は茶色の髪をしている」など、自分がそれに該当する文章は削除する。残った文章があなたが求めている信念である。相反する信念はあなたのエネルギーを打ち消してしまうので特に重要である。心の世界で繰り広げられる葛藤の末に、ある信念がパワーを得たということはそれと対立・相反する信念が犠牲になったことを意味する。以下に示したのはその一例である。

●私は勝利する・私は勝利に値しない
●私は勝者である・私は敗者である
●私は成功している・私は成功するチャンスを逃してしまった
●私には今以上の価値がある・私は罪深い人間だ
●私は完全主義者だ・私は人間は本質的に不完全な存在だと思っている
●私は自分を信頼している・私は自分を信頼していないし、人間は全般に信頼できない
●私は自分自身と自分の進歩に満足している・私は成功と失敗の間に満足のいく地点はないと思う
●私は誠実だ・私は誠実ではないし、人間も全般に誠実ではない
●私は労働がお金を稼ぐ正直な方法だと思う・私は労働ではなく、トレードが簡単にお金を稼ぐ方法だと思う

自分に質問する

以下に示したのは自分に対する質問事項の一例であり、もっとお金を儲けたいという気持ちにブレーキをかけるような信念である。

- あなたは罪の意識についてどう思いますか
- あなたはどのようなときに罪の意識を感じますか
- ほかの人が罪の意識を感じるという基準を、あなたにも当てはめることができますか
- 他人の目から見ると罪の意識を感じると思うようなときでも、あなたが罪の意識を感じないのはどのような状況のときですか
- なぜ罪の意識を感じないのですか
- 罪の意識を感じないのが悪いことだと、だれかがあなたに言ったのですか
- その人の現実に対する見方はあなたよりも優れていますか。そう思えるならば、その理由は何ですか
- そうした信念は有効だと思いますか。そう思えるならば、それはどの点についてですか
- そうした信念は制限的だと思いますか。そう思えるならば、それはどの点についてですか
- そうした信念を変えたいと思うとき、どのようにして変えますか

●そうした信念を変えたくないと思うならば、それはなぜですか

次の質問は「あなたは～思いますか」というものである。

●あなたは競争についてどう思いますか
●あなたのトレーディングスキルが優れているとき、それによって他人のお金を奪うことについてどう思いますか
●あなたは損失についてどう思いますか
●あなたは他人の意見についてどう思いますか
●他人の意見が正当である（または正当ではない）と思えるのはいつですか
●間違うということ（トレードミス）についてどう思いますか

答えはぜひ紙に書くようにしてほしい。なぜなら、コンピューターなどの文書作成ソフトを使うと、「良い」答えだけを編集して保存する誘惑に駆られ、本来の目的が果たせなくなるからだ。

これらの質問に答えていけば、自分の信念やそれに基づく行動の基準が次第に明らかになるだろう。ときに自分の信じていることが真実ではないと気づくことによって、自分の信念の正

当性を確かめることができる。また他人がそうした信念を持っていればどうなのかを考えることによって、自分の信念について検証することもできる。ほかの人が特定の状況下でどのように行動するのかを考えるのもおもしろいだろう。さらにその人が違う信念を持っていたときの対応についても考えてみる。こうした練習によって自分の一部の信念が目標達成の妨げになることが分かれば、その信念のエネルギーを抜き取る作業に移る。

書くことが変化を起こす効果的なテクニック

われわれのあらゆる動きは、外部の世界を変えるひとつのフォースとして作用している。その動きが大きいほど、そのフォースも強くなる。これと同じように、われわれの思考は心の世界を変えるフォースであり、その思いが強いほど大きな変化を引き起こす。心の世界がどのように変化するのかは、われわれがどのように考えるのかによって決まる。すなわち、自分の意識を特定の目的に集中すると、心の世界にはそれに応じた変化が起こる。自分の意識を集中し、心の世界に自分の望む変化を引き起こすには、書くことが最も有効な方法である。書くことによって心の世界にあるものに形が与えられ、そのことに意識を集中することができる。書かれたものは心の世界に指示を送り、それに応じた変化が心の世界で起こる。これはかなり有効なテクニックであり、その効果は振り向けるパワーの程度によって決まる。

そのプロセスを図で表すと、「**意識　⇓　心の世界　⇓　**」のようになる。

意識に情報が送られるとき、書くことによってその情報は有形のものとなる。意識はその情報を自覚し、その情報の性質に応じて自分の経験と関連づける。続いて意識は心のあり方を見直し、最適の新しい状況を形成しようとする。そのときの意識は、「自分が望む状況を作り出し、それを実現する有効な方法を手に入れるにはどのような信念が必要か」と問い掛ける。こうした創造的なプロセスでは自分に質問し、その解答を待っていると意識上にひょいとその答えが浮かび上がってきたり、意識が答えのほうに引き寄せられる。意識は最も適切な解答が見つかるときを知っているが、われわれはその時期を心で知ったり、身体で感じることができる。こうして意識が変化を引き起こす新しい指示を心の世界に書き込むと、それはわれわれが真実であると認識して受け入れる情報となる。このように書くという行為によって、われわれは自分の望むことに思考を振り向け、そうした思考が心の世界に変化を引き起こす。

自己規律を高める練習

自己規律とは自分の行動を意識的にコントロールすることであるが、これは生まれながらにして身についているものではない。自己規律とは一種の思考法、または心の操縦法であり、自分の目標と調和しない信念や信念のシステムを変えることである。換言すれば、自分が変えたいと思うものを実現するように意識的に行動することによって、心の世界に変化を引き起こす方法であるとも言える。これを逆に言うと、意識的に目標実現の妨げになる信念を超えて行動することが自己規律であるとも言えるが、そのためにはそうした信念のエネルギーを抜き取らなければならない。そのペースは時間ではなく集中度によって決まり、われわれの意欲と決意が強いほど、そうした信念のエネルギーを早く抜くことができる。

例えば、禁煙や減量を望めば、それは意識的な目標となる。しかし、自分の信念がその目標と一致しない、すなわち信念のシステムが喫煙を支持しているときは、そうした信念が心の世界では依然として大きなパワーを持っている。それと反対の行動をとろうとすれば（意識的な決定）、予想される心の葛藤や抵抗の強さを考えて、それらの信念のパワーとどのように対処するのかを考えなければならない。一方でそうした信念はあたかも自らの人生を持っているかのように、思考と行動の両面で自己表現を求める（大きなパワーを振るう）ので、こうした試みは思っているほど簡単ではない。

そのようなときは自分に「この信念は自分の目標を達成するプラスの手段、または障害になるのか」と自問してみよう。目標を達成するにはそれを妨げる信念を変える心の枠組みを持たなければならないが、それが自己規律と呼ばれるものである。自己規律を高めるには心の使い方、自分の目標にプラスのエネルギーを向けておく訓練なども必要である。このほか、古い信念の抵抗力を測定する方法、人生を意識的にコントロールする心のあり方も知らなければならない。以下はその練習法の一例である。

一．まず最初に自分がしたくないこと、やめたいこと、これまでやったことがないことなどを書き出してみよう（ランニングやほかの運動をする、定期的に道路のゴミ拾いをするなど）。

二．次にそのリストを見て、自分にとって重要でないものや優先順位の低い項目をピックアップする。

三．そうした優先順位の低い項目を実行するための最も積極的な方法を考える。単にやってみようといった程度のものではダメだ。そんな気持ちではとてもやりたくないことを実行することなどできない。

四．この新しい試みを実行するプランを作成する。

五．そのプランを実行するための考え方を紙に書いてみる。そして、どうすれば自分の思考をこのプランに集中し続けることができるかを考える。

外部の世界は常にいろいろな情報を送りつけてくるので、われわれは絶えず周囲で起こっていることに目を向けなければならない。その結果、われわれの意識は多方面に分散される。そこで意識の一部を心の世界で起きていることに振り向けてみよう。そのためには、一部の考え方が自分のものではないかのように客観的に観察してみる。また他人の考え方を観察しているかのように行動してみる。そうすれば、この練習を効果的に実行するための必要な情報が得られるだろう。

六．このプランを実行するときに心の抵抗に遭ったり、言い訳や合理的な解釈などをするだろうか。それらを経験するならば、今の自分はどうして目標から意識をそらしているのかを考えてみる。こうした状況は自分が立てた目標とそれを支持しない信念の典型的な対立である。

七．この時点で自分の目標にもう一度意識を集中する。重要なことは、目標達成に向けてできるだけ多くのエネルギーを振り向ける必要性を理解することである。すなわち、目標達成を妨げる信念に振り向ける以上のエネルギーを目標に集中する。

ここで注意しなければならないのは、障害となる信念から目標のほうにエネルギーを再配分するとはいっても、そうした信念を拒否しようとしてはならない。その存在を拒否しようとすれば、それを受け入れ認めるときよりも多くのエネルギーが必要になるし、結果的には拒否しようとした信念を支持することになるからだ。自分に寛容であれ。あなたが目標を達成しようとトライするたびに、その手段は見つかるものである。そしてそうした試みを繰り返していけば、目標達成の障害となる信念からはエネルギーが抜けていき、その分を目標に振り向けることができる。そうなれば作業はいっそう簡単になり、そのプロセスは心の枠組みの基本形として定着していく。この練習で最も大切なことは、信念を変えるプロセスで得られた経験である。信念を変えようとトライするたびにその手段も見つかるし、目的に沿った方向に信念が変わっていく。そして最後には「自分の目標と対立するすべての信念を変えることができた」という心境に達するだろう。

この練習を効果的に実行するには、次のようなルールを順守すべきである。まず、目標は自分にとってあまり重要ではない、または大きな意味を持たないものにする。この練習の目的は心のあり方を意識的に変えることにあるので、目標そのものはそれほど重視する必要はない。信念を変えるスキルと手段を学習すれば、目的は十分に達成されたことになる。

次にわれわれは生まれたときから外部の世界を変えることを教えられてきたが、心の世界を変える方法や手段はほとんど知らない。期待だけが大きすぎて、それに見合う能力がないと無力感や恐怖心しか残らない。したがって自分にあまり大きな期待をかけないようにすれば、作業はスムーズに運ぶだろう。期待は達成すべき目標となるので、それが達成できないと恐怖心が芽生える。心のあり方を変えようとする試みでは、恐怖心は前向きの努力を台無しにする元凶である。

最後に、プランの実行結果にあまり大きな期待を持たないと、どのような結果になってもそれを受け入れられるというメリットがある。トライして得られた成果は、それがどれほど小さなものであろうともひとつの前進である。完璧に実行できなくても、この練習を実行しようとする決断が重要である。うまくいかなかったときは、心を意識的に目標の方向に変えられる能力がついたときに、またトライすればよい。初めてトライするあなたはまったく新しい環境に放り出された幼児のようなものであり、歩いたり走ったりする前に、まずは立つことを覚えるべきである。

自己催眠

自己催眠と誘導瞑想とは、意識する心が外部世界のメッセージを受け入れやすくするように、その理性的な部分をリラックスするひとつのテクニックである。これらは使い方によっては、新しい信念を形成したり、古い信念を変えるかなり有効な方法である。ここでは触れていないが、新しい信念を確立したり、自分の心の世界について、生産的でなかったり、時代遅れの信念を振り払うための優れたテクニックに興味のある方は、ウエッブのウェブサイトまで連絡してほしい（https://paulatwebb.com/）。

プラス思考

トレードに臨んでマーケットの動きに不安を感じるのは、ちょうど不安な気持ちで迷宮路に入ったり、またはマーケットの習性を知らないでお金のことばかりを考えているようなものである。最後には意識から思考のエネルギーがすべて抜き取られて、まったく自分の利益にならないような行動をとることになる。プラス思考はこれとまったく逆の効果をもたらす。例えば、あなたがもっと辛抱強い人間になりたいと思いながら、マーケットからのシグナルを待っているとき、「私は毎日辛抱強い人間になっていきます」と繰り返すと、本当にそのような人間になれるものである。これを逆に言えば、われわれは自分の思考からエネルギーをもらって、自分の考えているように行動している。やがて自分の考えは十分なエネルギーを持って行動を決定する信念となる。以下のことを繰り返していれば、やがては心の世界にそれに応じた信念が形成されるだろう。

以下は、ウエッブが作成し、彼女のコーチングやワークショップで使用しているものである。そして、ひとたびこれらがあなたの信念となれば、トレーダーとして本当の自分になるための非常に効果的な基礎となるだろう。

一．すべての信念は現実に対するひとつの見方であり、それは必ずしも現実そのものを表しているわけではない。自分の目標達成に役立つかどうかという点に照らして、自分の信念を見直します。

二．私は必要なすべての情報を引き寄せる心のパワーを信じます。

三．私には目標（幸福・調和・経済的な豊かさ・もっと生産的になるなど）の達成に役立つ信念を作り上げるパワーがあります。

四．私は過去の経験に対する自己評価を自由に変えることができます。

五．私には心のあり方を変える能力があります。

六．私はトレードに関するすべての信念を知ることができます。

七．私は事実とは異なるトレードの信念を重視しません。

八．私は過去にそれらの信念を受け入れましたが、現在ではそれが有効または真実ではないことが分かりました。したがってそれらの信念を今の自分の目標に一致するように変更します。

九．私が最初にすべきことは、（　　　　　　　）という私の長期目標に合致しないすべての信念を確認することです。

一〇．そうした信念が分かれば、次はそれらを今の目標と合致する新しい信念と入れ替えます。

一一．自己成長のためには意識の方向とその範囲を変更しなければなりませんが、私はいつでもそうしたチャンスを歓迎します。

一二．私は（　　　　　　　　　　　　　　）という目標の達成したい強く思っています。

一三．私は自分の目標達成を妨げる心の抵抗やバリアを一掃し、その目標を実現しようと強く願っています。

第 4 部

規律あるトレーダーになるには

第15章 値動きの心理

この章のテーマについてのより広範な情報についてはマーク・ダグラスとポーラ・ウエッブの『ザ・キー・トゥ・パワー・プロフィット』を参照してほしい。

本章の目的は、最初にトレーダーの個人レベル、続いてトレーダー全体の集団レベルの行動による値動きのダイナミズムと心理を分析することにある。もしもトレーダーの行動に内在する心理的なフォースを理解できれば、その行動を観察することによって、彼らが相場の将来についてどのように考えているのか、さらには彼らが次にどのような行動をとるのかも予測できるだろう。これはいわゆる希望的観測と相場が実際に向かう方向を区別するものである。マーケットに影響を及ぼすさまざまなフォースを理解し、純粋なマーケットの情報といろいろな解釈が加えられた情報を区別することができれば、次にどのような行動をとればよいのかも分かってくる。

相場を動かす最も基本的な要因はトレーダーである。トレーダーこそがマーケットの方向を決定する主要なフォースであり、それ以外の要因は二次的なものである。例えば、ここに二人のトレーダーがいて、一方の買値と他方の売値がマッチすればトレードが成立する。これが現在の値段であり、その時点におけるその商品の現在価値である。買値とはトレーダーの買いたい値段、売値とは売りたい値段である。そして利益を得るには、安く買って高く売る、または高く売って安く買い戻すの二つの方法しかない。買値と売値の関係を単純な図式で表すと次のようになる。

九八ドル一八セント　　売値（売り方が売りたい値段）
九八ドル一七セント　　現在値（双方がマッチした値段）
九八ドル一六セント　　買値（買い方が買いたい値段）

トレードの目的はお金を儲けることであり、自分が損をすると思ってトレードをする人はいない。トレードが成立するには二人のトレーダーがある値段で合意しなければならないが、両者はともにリスクをとっている。価格がある方向に動けば一方には利益をもたらすが、他方のトレーダーは損をするからである。両者はともに自分が勝つと思っているが、相場の将来の方向については正反対の見方をしている。買い方は今の値段は安く、将来はもっと高くなるだろうと思っているが、売り方は今の値段は高すぎるのでいずれは下がるだろうと考えている。相場のどのような局面でも二つのフォースの考えは正反対であり、いずれも自分は正しいと思っているが、利益を手にするのはどちらか一方だけである。

例えば、債券先物の現在値が九九ドル一四セントのとき、価格が九九ドル一五セントに上昇したらどうなるのだろうか。まったく単純に考えると、一部のトレーダーは先の値段より高くても買いたいと思うだろう。トレーダーが先の値段よりも高く買ったり、安く売ったりするのはそれなりの理由がある。まず最初に、安く買い・高く売る代わりに高く買い・安く売ろうとするトレーダーは、相場の将来に対する自分の信念にそれなりの確信を持っている。今の高い値段でも買いたいトレーダーは現在値でも安いと思っている。こうした買い方は積極的にリスクをとって、先の値段で売ったトレーダーの損失を大きくしてやろうと思っている人々である。この値段でも安いと思うトレーダーが増えていけば、上昇にはさらに弾みがつく（買い方は相場を作っている）。一方、売り方にしてみれば価格がこれだけ高くなれば絶好の売りチャンスであると考えるが、売り方は相場を作ったり、自分に有利な方向にモメンタムを加速させることはできない。これ以上は上がらないだろうと考えて、売ったあとに相場の成り行きを見守るだけである。

トレーダー全体を集団として見た場合、これら二種類のトレーダーの行動は何を意味しているのだろうか。まず売り方は相場の先行きに対してそれほど強い確信を持っているわけではなく、積極的に空売りしたり、買いポジションを手仕舞ってはいないといった程度である。価格が上がったところで新しい均衡値が形成されると、先の値段で買ったトレーダーは勝者、売ったトレーダーは敗者となる。含み損を抱える売り方はこれまでの信念を変えずにポジションを維持したり、ナンピン売りをするかもしれない。今の値段でさらに有利になったと考える売り方のトレーダーもいるだろうが、相場が逆行するたびに将来に対する自分の確信は揺らいでいくだろう。この時点で売り方は受動者、買い方は攻撃者となり、買い方は自分にとってさらに有利な方向に相場を作ることができる。

しかし、買い方が攻撃的に買値を引き上げるためにはその需要に応える十分な売りが存在しなければならない。売り物が少ないとそれをめぐる買い方の争奪戦が始まるだろう。今の時点ではまだ買い方有利であるが、売り物がだんだん少なくなると価格はそれ以上上がらなくなる。一方、大きな含み損を抱える売り方は次第に自分の信念に確信が持てなくなり、売りポジションを手仕舞うトレーダーが増えてくる。もっとも、買いと売りの数量が均衡しているかぎり、相場が大きく下落することはない。しかし、まもなくこのバランスが崩れて相場が下降に転じるときは何が起こっているのだろうか。まず買い方は利食いを始めて売り方の勢力に回り、その数は次第に増えていく。その姿はあたかも凶暴なサメによるエサの食い合いのようであり、相場はファンダメンタルズを無視して下降に転じる。新しい売り方が続々と参入してくると、買い方の売りはパニック状態となって下げ足にはさらに拍車がかかる。

おそらく皆さんはこうした光景を簡単に思い浮かべることができるだろう。こうした値動きはトレーダー全体の集団的行動を反映したもので、その姿はちょうど買い方と売り方の綱引きのようなものである。この二つの勢力が崩れたとき、一方は他方よりも優位に立つ。弱い勢力のポジションから価格が逆行するにつれて、損はしたくないという期待とは裏腹に、自分は間違っているのではないかという心の動揺は大きくなっていく。最後には自分の信念にまったく確信が持てなくなり、ポジションを手仕舞うことによって反対勢力の勢いに力を貸す結果となる。一方、優位にある勢力も価格が行き過ぎて関連指標などから大きく乖離すると、ポジションを手仕舞い始めるので価格はそれまでと反対方向に転じる。

個人トレーダーは自分に有利な方向に相場を引っ張るだけの力はないので、そうした力のある勢力に追随する以外に方法はない。マーケットで展開されるこうした綱引きは潮の干満のように、ポイント・アンド・フィギュアなどのチャートにはっきりと表れる。それらは将来に対するトレーダーたちの信念とそれに基づく行動を映している。例えば、相場が上値と下値を切り上げているとき、あなたはどのように行動するだろうか。次の質問を参考に考えていただきたい。

一．相場がどのように動けば、買い方はさらに利益を上積みできるという信念を強められるか。
二．売り方が新規に参入してくるのはいつか。
三．買い方が利食いを始め、売り方がそれまでの信念を捨ててポジションを手仕舞うのはいつ

四．買い方が強気の姿勢を崩し始めたり、新規の買い手が参入してくるのはどのようなときか。

買い方と売り方が期待感を高めたり、失望感を強めたりする重大な参考地点が分かれば、これらの質問にも適切に答えられるだろう。それらはチャート上にいろいろなパターンやフォーメーションとして表れる。トレーダーの心理状態を映したそれらのパターンについてはあとで検討するが、その前にいくつかの参考事項について説明しておこう。

マーケットの行動

マーケットの行動とは将来の値動きから利益を得ようとするトレーダーの集団的行動であり、相場の将来に対する彼らの信念を反映した値動きであると定義される。トレーダーの行動は仕掛け、ポジションのホールド、手仕舞いの三つに大別される。

トレーダーが仕掛けるのは今の相場が利益を得るチャンスだと考えたときである。自分が儲けられると確信し、現在の相場は自分の予想するおよその価格水準で取引が開始されると思っているのである。

「トレーダーが、自分に不利な状況でもポジションをホールドし続ける理由は、そのポジションにはまだ利益になる可能性があると信じていることである。そして、この信念は「このポジションこそは」という思いから生まれる。ということは、トレーダーは常に勝つとは思っていないのである」

――ポーラ・ウエッブ

一方、ポジションを手仕舞うのはもはや利益のチャンスがなくなったと考えたときで、勝ちトレードを手仕舞うのは利益を上積みするチャンスがあまりなくなったとき、または利益の可能性に比べて損失のリスクが大きくなったときである。これに対し、負けトレードでは含み損を取り戻すチャンスがなくなったとき、または事前に決めた損失限度額まで損失が膨らんだときにポジションを閉じる。チャートを見ると一定期間にほぼ対称的なパターンを形成しているのが分かる。これはまったくの偶然ではなく、買い方と売り方という二つの勢力が離合集散を繰り返して形成された綱引きの模様がビジュアルに表れたものである。

重要な参考地点

チャートには重要な参考地点というものが表れるが、それはまもなく相場が大きく動くというトレーダーの期待を反映したものである。その水準では多くの反対ポジションが密集しており（相場の将来について正反対の見方をしているトレーダーがたくさんいる）、それまでの期待が達成されるとトレーダーはポジションの手仕舞いに取りかかる。参考地点が重要であるほど、その後の相場の動きは大きくなるが、それは反対勢力のパワーのバランスが大きく崩れるからである。チャート上に表れたこうした参考地点は、買い方と売り方が前もって予想するマーケットの行動に対する期待の大きさを反映している。ここでは多くのトレーダーが相場の将来に対するそれまでの信念を捨てたり、逆にこれまでの信念を強めたりしている。換言すれば、重要な参考地点とは相場の将来に対するトレーダーの期待と現実がぶつかり合っているところである。

自分の信念が実証されたトレーダーは勝ち組、期待が裏切られて失望を味わうトレーダーは負け組となるが、客観的な観察者から見ると、重要な参考地点は多くのシグナルやチャンスを示唆しているのが分かる。トレーダー集団の期待していたことが起こらなかったとき、彼らはポジションを手仕舞ってドテンするかもしれない。一方、勝ち組も自分の信念が実証されると利益確定のためにポジションを手仕舞うので、反対ポジションを取ってくれるトレーダーはだんだん少なくなる。例えば、負け組となった買い方は手仕舞おうとする自分のポジションを引き受けてくれるトレーダーを必要とするが、そうしたトレーダーが少なくなると相場はある方向に大きく振れる。

バランスエリア

ピーター・ステイドルマイヤーとケビン・コイは『マーケッツ・アンド・マーケット・ロジック（Markets and Market Logic）』のなかで、一日のうちで最も取引の多い価格帯をベルカーブ（鐘形曲線）で表し、それを「バリューエリア（value area）」と呼んだ。これを見ると、時間の経緯とともに価格がどのように変化していくのかが分かる。彼らによると、出来高が最も多いこの価格帯はその日の適正価格を表しているという。私はこの価格帯を「バランスエリア（balance area）」と呼んでいるが、それは適正価格というよりは、多くのトレーダーが安心して売買できる価格帯を表していると思うからである。このバランスエリアは、トレーダーが互いに安心して（あまり恐怖心を持たずに）反対の注文やエネルギー（エネルギーで表される相場の将来に対する彼らの信念）を吸収しているところであり、その日の高値と安値のほぼ中間付近に形成される。換言すれば、この価格帯から離れたところで売買すると大きな利益のチャンスとなるが、そうしたところでは売買するトレーダーは少ないので仕掛けるにはかなりの勇気がいる。

バランスエリアは先物と現物市場の価格動向を反映しているところでもある。プロのアービトラージャーは両市場で高度な数学的手法に基づいてサヤ取り売買をしている。一般にある水準で保ち合う時間が長いほど、そこは多くのトレーダーが安心して売買するバランスの取れた価格帯であると考えられる。そこではトレーダーたちが互いに反対注文を吸収し、そこからはみ出した値段を提示するトレーダーはあまりいない。しかし、しばらくするとその価格に納得しないトレーダーが現れ、価格は上下のいずれかの方向に振れていく。そうしたトレーダー（またはトレーダーのグループ）が大きな買い（売り）注文を出して相場のバランスを崩すと、それまでポジションをホールドしたり、静観していたほかのトレーダーにも連鎖反応を引き起こしていく。

例えば、買い方有利の方向にバランスが崩れると、マーケットにはさらに新規の買い手が参入して相場の上昇に拍車がかかる。一方、売り方はポジションを手仕舞うために買い手を探すので売り物はますます少なくなっていく。フロアトレーダーなどはこうした目先の価格変動に心を奪われているが、ヘッジャーなどは上昇基調を崩さないでひそかに大量の売り注文を出すなど、まったく異なる観点から相場を見ている。

一般に相場の反転は突然やって来ると思われるが、実際にはそうではない。だれかが買っている（売っている）という情報は池に投げた石の波紋のようにじわじわと広がっていく。多くの一般トレーダーは売買している商品のバリュー（価値）というコンセプトは持っていない。単に価格が変動すれば利益のチャンスがあると思っているが、自分のしていることが分からないと投資資金は簡単にマーケットによって奪い取られてしまう。価格がある価格帯で一定時間にわたって保ち合うとトレーダーたちはそこに安心感を抱くが、価格がそうしたバランスエリアからはみ出すと、リスクを恐れるトレーダーが増えるので取引は急減する。

高値・安値

おそらく最も重要な参考地点のひとつが、以前の高値と安値であろう。相場が上昇して以前の高値に近づくと、買い方はそこはブレイクされるだろうと期待するが、売り方はそこが再び天井になると考える。売り方の考えによれば、前回の高値（または遠い過去の高値でも）は上昇を食い止めるだけの多くの抵抗（売り物）が控えているところである。つまり、前回も多くのトレーダーがその水準を高すぎると考えて大量の売り物を出したので、今回も同じことが起こると予想する。このように買い方と売り方はこの水準に対してまったく異なる見方をしている。そして価格が前回の高値に近づいても買い注文が途切れないと、それまで静観していたトレーダーが新規の買い手として参入する一方、売り方の手仕舞いも相次ぐので、価格は一気にその水準をブレイクする。

支持圏と抵抗圏

下げ相場の支持圏とは買い注文が入ったり、売りポジションの手仕舞いが活発になって価格が下げ止まる水準である。一方、上げ相場の抵抗圏とは売り注文が入ったり、買いポジションの手仕舞いが活発になって価格が上げ止まるところである。多くのトレーダーがチャート上のそうした水準を重視しているので、支持圏と抵抗圏は重要な参考地点となっている。皆さんはこうした説明を何度も聞いていると思うが、トレーダーが相場の将来に対する自分の信念に基づいて行動しているという意味で、それらは真に重要な水準なのである。信念とは自分の予想が最終的に実現するという確信であり、多くのトレーダーが支持圏・抵抗圏の重要性を信じていれば、彼らが自分の信念に従ってその水準で売買するのは確かである。買い方と売り方の果てしのない綱引きでは、価格がある方向に向かうと一方は勝者、他方は敗者となるが、それぞれの行動はこの二つの勢力バランスにいろいろな影響を及ぼしている。

例えば、価格が上昇して以前の高値に近づくと、そこで大量の売り物が出て上げ止まったり、反落したりして抵抗圏を形成する。なぜそこで勢力のバランスが買いから売り有利に変わるのかについてはいろいろな理由が考えられるが、ひとつだけはっきりしているのは、多くのトレーダーがその水準で価格が上げ止まって反落するという強い確信を持っていることである。彼らは以前にその水準で相場が反落したことを知っており、そうした経験を持つトレーダーたちの心のなかにその重要性が刻み込まれている。しかし、その天井圏がどのくらい持つのか、何回テストされるのかなどは分からない。買い方の勢力が強いと今回の試しではそこを抜くかもしれない。そのためには多くのトレーダーがそこでも割安であると考えて買い注文を入れなければならない。

一方、前回に価格がこの水準に近づいたとき急反落したとすれば、多くのトレーダーは今回もそうなるだろうと考える。彼らがこの水準はブレイクされないという信念に基づいて行動すれば、それが大きな抵抗となって相場の足を引っ張る。価格が前回の高値・安値を試してブレイクに失敗すると、そこが大きな支持圏・抵抗圏となる。ポイント・アンド・フィギュアなどのチャートではそうした地点がはっきりと確認できる。そうした支持圏・抵抗圏が形成・確認されると、そこには大量の売り注文と買い注文が控えている。

例えば、過去二週間に債券価格が九五ドル二五セントに達すると、急反落して九四ドル一〇セントの支持圏まで下落したとする。一般に支持圏・抵抗圏はトレーディングレンジと呼ばれる小幅往来の保ち合い圏にあり、これまでに何回ほど九五ドル二五セントで反落、九四ドル一〇セントで反発したのかが重要である。その回数が多いほど、この地点の重要性は大きくなる。こうしたトレーディングレンジは仕掛けやすいところである。例えば、価格が九五ドル二五セントに近づいたとき、九五ドル二一セント近辺に売り注文を出す（価格が九五ドル二五セントを付けるかどうかは分からないので、それより少し安いところに売り注文を出して確実に成約させる）。

一方、例えば九五ドル三一セント辺りに買い注文を入れるときの状況はかなり異なる。これは価格が抵抗圏をブレイクして上昇することを想定しているが、この価格ではまだ売り方が失望してポジションを一斉に手仕舞うには不十分かもしれない。いずれにせよ、こうしたトレード手法が有効となるのは抵抗圏が大きな重要性を持つことが前提であり、価格がこの水準に近づくとトレーダーたちは、①ここで再び反落する、②今回はブレイクして上昇する――のいずれかを期待している。マーケットには無数のパターンとそれに基づく行動があるが、支持圏・抵抗圏のような重要な参考地点を利用したトレード手法はよく利用されている。

以前の支持線は抵抗線に、抵抗線は支持線となる

以前の支持線は新しい抵抗線に、抵抗線は支持線になることはよく知られているが、それを心理的な観点から説明すると次のようになる。例えば、抵抗線が九五ドル二五セントに形成されたとき、価格がこの水準に近づくたびにトレーダーたちが一斉に売って利益を上げると、この抵抗線に対するトレーダーたちの信念と信頼感はますます強まる。さて今回で四～五回目の試しとして価格が再びこの水準に近づくと、やはり売り方が一斉に売ってくるが、今回は買い方の勢力が強く、この水準をブレイクしていった。ここで売ったトレーダーたちはすべて含み損を抱えているが、彼らのなかには小さな損失で逃げた者もいたが、まもなく相場が下落してこの水準まで戻るだろうと考えてそのままポジションをホールドしているトレーダーもいる。いずれにせよ、マーケットはこの抵抗線に対する彼らの期待を裏切ったので、彼らの信念は大

きく揺らぐことになった。

数日後に価格が再びこの水準まで下げたとき、この水準で売ったトレーダーたちはどのように行動するだろうか。まずこのように下落すると予想したトレーダーは、収支トントンになったことからやれやれと売りポジションを手仕舞うだろう。価格がさらに下げて利益になる可能性もあるが、そのまま売りポジションをホールドするトレーダーはまずいないだろう。彼らは損失を防ぐことができてほっとしている。一方、価格が九五ドル二五セントをブレイクしたときに損切りしたトレーダーたちは、トレードミスをしたという心の痛手からもう一度売ろうとはしないだろう。その結果、九五ドル二五セントという従来の抵抗線は崩れて買い方有利の展開となる。これによって古い抵抗線は新しい支持線となり、これと同じ理由から古い支持線は新しい抵抗線となる。

トレンドとトレンドライン

上値・下値を切り上げていく上昇トレンドは、多くの買いが売りを吸収していく展開を示しており、売り方の手仕舞いも上昇基調を支えている。特に重要な参考地点をブレイクしたときは、信念が崩れた売り方の買い戻しが活発となる。トレンドとは時間の推移を表しており、一ティック上昇したときは一ティックのトレンドとなる。上昇トレンドではときに買い方の利食いで押しを入れるが、相場が反転するほど多くの売り物が出ないときは再び上昇トレンドに戻る。価格が（主要な安値を結ぶ）トレンドラインと（主要な高値を結ぶ）アウトラインのなかを上下しているうちはそれまでの上昇トレンドが続くが、いったんトレンドラインやアウトラインがブレイクされると、価格はそちらの方向に進む可能性が高い。

高値⇓押し⇓前の高値までの上昇

どれほど単純な相場の動きにもそれなりの正当な理由がある。例えば、新高値を付けたあとに大量の売り物が出れば、それは新規の売りや買い方の利食い、もしくはその両方である。価格は多くのトレーダーが割安と考える水準まで押すが、そこから急上昇して前の高値に近づくと、買い方はそれをブレイクする、売り方はそこでもう一度上げ止まると考えるだろう。もしもその水準を上回ったところに買い注文が入り、それまで静観していたトレーダーも買いを入れたり、判断間違いを認めた売り方が手仕舞いに動くと価格は一気にそこを突き抜ける。しかし、価格が前の高値に近づいたとき、再び大量の売り物が出て上げ止まったとすればどうなるのだろうか。おそらく買い方の失望が始まり、価格が急反落して前の安値を割り込めば、今度は買い方の手仕舞いが相次ぐだろう。

大衆投資家が参入するときに相場が大きく反転するのは、大衆にはリスク許容度がなく、ほかのトレーダーの行動に追随することで安心感と確証を得ているからである。その結果、今がチャンスであると確信するのも常に最後となる。上昇相場がある期間続くとほかのトレーダーが利益を上げているのを見て、自分もそれに便乗しようと参入してくる。彼らは最も合理的に思われる理由を探し求めるが、自分が何をしているのかはよく分かっていない。上昇相場がさらに続くと買い方はいっそう買値を引き上げるが、新規の買いは次第に少なくなる。買い持ちしているトレーダーは価格がさらに上昇することを望んでいるが、天井をつかむという貧乏くじだけは引きたくない。その結果、すでに大きな含み益を抱えるこれらのトレーダーは少しずつ利食いを始める。

大衆が一斉に買いを入れるまでに、プロのトレーダーは相場が終わりに近づいたことを知っている。買いたい人はすでに買っており、新規の買い手は次第に少なくなってきたからである。彼らも価格がさらに上昇することを望んでいるが、その可能性が低いことはよく知っているので、まだ買いが入っているうちに利食いを始める。最後の買い手が買ってしまったとき、上昇相場は終了する。そうなるとリスクをとりたくない大衆はパニック状態となる。ここで買い物は完全に尽きて相場は急落する。彼らは自分の行動に合理的な理由を付与しようとするが、価格が急落して自分たちがパニック状態に陥ったのは、単に相場が自らを支えきれなくなっただけである。

第16章　成功に至る道

自己規律とは目標達成に向けて、学ぶべきことに意識を集中し続けるための心のテクニックである。外部の世界で効果的に行動する手段を持たなかったり、自分の方法が目標達成に役立たないときもあるだろう。そうしたときに必要とされるのが外部世界への適応、すなわち外部の世界と交流する方法を変えることである。自らの行動と外部の世界を経験する方法を変えるには、心の視点を変えなければならない。そのためには外部世界の情報の認識を大きく左右する心の構成要素を変える必要がある。例えば、われわれはマーケットの行動をコントロールすることはできないので、現実をできるだけ客観的に（歪曲化しないで）認識する方法を学ぶべきである。

あなたがトレーダーとしてレベルアップするに従って、トレードとは完全に心のあり方を反映したものであることが分かるだろう。あなたはマーケットに逆行しているのではなく、自分自身に逆行しているのである。マーケットに参加しているすべてのトレーダーが、相場の将来に対してそれぞれ異なる信念を持っているので利益のチャンスが生まれる。トレーダーたちが商品や株式の将来価値について同じ信念を持っているとすれば、高値や安値を付けたり、そこから利益のチャンスが生まれることもないだろう。マーケットはそれぞれのトレーダーに利益のチャンスを提供しているが、有利な情報を提示したり、いろいろな情報を解釈するようなことはない。さらにトレーダーがうっかり見逃したチャンスに責任を持つこともないし、いつ仕掛けてどれくらいホールドして手仕舞ったり、どれほどの株数（枚数）を売買すべきかなどを指示することもない。

各トレーダーは自分で選別した情報に基づいて、心のなかに自分のマーケットを創造している。このことが理解できれば、不満足な結果に終わったとしてもその責任をマーケットに押しつけることはないだろう。あなたがトレードで成功するためにどれだけ努力していようとも、マーケットはそれに報いる義務はないし、自分のトレード責任は自分で取らなければならない。このことに早く気づいたトレーダーほど、マーケットとうまくやっていくためのスキルを習得している。心のあり方が自らの行動の責任主体であることがまだよく分からないときは、心をオープンにしてそのことをよく考えてみよう。

成功するトレーダーとなるには、恐怖心を持たないでトレードすることである。恐怖心が行動の範囲と選択肢を狭めることについてはすでに言及したが、心が恐怖心でいっぱいになっている人は回避したいまさにその状況を自分で創造している。恐怖心は過去の経験を通して今の世界を見ようとさせるので、新しいことを何も学ぶことができなくなる。外部の世界がいろいろなチャンスを提供しても、過去を追体験しているからである。心のあり方を変えて新しいことを学習・経験できるようになるまでは、過去の歴史が繰り返されているだけである。マーケットの行動を予測するには、恐怖心を克服しなければならない。大きな恐怖心を持つトレーダーは行動の選択肢が狭くなるうえに、他人に自分の行動を簡単に読まれてしまう。このことをよく理解し、恐怖心を持つトレードから脱出できれば、逆にそうしたトレーダーの行動がよく見えてくるだろう。

しかし、特に絶好のチャンスが到来して胸がドキドキするようなときは、焦ってトレードミスをしないように注意すべきである。恐怖心のない人にときにこうした早とちりの傾向が見られるが、自制心のベースとなるのが自己信頼である。自己信頼を高めるには、一定のトレーディングルールやガイドラインを作り、それを迷わずに順守することである。すべきことを迷わずにできるようになると恐怖心はなくなり、客観的にマーケットの行動を観察できるようになる。そうなればマーケットからどのような情報が到来しても、それらを回避することもなくなり、マーケットの次の動きも予想できるようになる。マーケットで次に何が起きるのかを正確に予想できれば、トレードによる利益は積み上がっていくだろう。

マーケットの行動に対するこうした新しい洞察力は、自己信頼が高まるにつれて徐々に身についていく。相場の世界に貧乏→大金持ち→貧乏という話は掃いて捨てるほどあるが、一攫千金はけっして長続きするものではない。一貫して利益を上げるスキルがないのに、ラッキーで大きな利益を手にしたときは不安や心配が大きくなる。その後のたった一回のトレードでそのすべてを持っていかれる可能性もあるからだ。大金を手にしたあとにそれを失うと、それを取り戻すには最初に損をしたときよりも何倍ものエネルギーが必要となる。「トレーダーにとって大切なことは、お金を儲けることよりも自分で決めたルールをいつも順守することである。それができないとどれだけ利益を上げても、いずれはそのすべてをマーケットに持っていかれてしまう」

さらに洞察力が深まれば、自分のトレーディングルールも変わっていく。多くのトレーダーはいったん作ったトレーディングルールを変えようとしないが、これまで述べてきた心のあり方を変える練習などもときには実行したほうがよい。一貫して利益を上げるには自分の価値と次にすべきことがよく分かっていなければならないが、それは自分をレベルアップして初めて可能になる。これが十分にできるほど経験を積んで第二の天性とも言えるレベルに達すれば、ルールにとらわれず自由にトレードしてもよい。

ステップ１――自分のすべきことに意識を集中する

最初にすべきことは、トレードの視点や考え方を大きく変えることである。これまであなたの視点はお金を儲けることにあったと思う。そうであれば、今からその視点を「トレードで成功するには何を学ぶべきか」「どのようにしてマーケットに自分を適応したらよいのか」に変えなければならない。つまり、これまでの金儲けから目標達成のステップに視点をシフトするのである。トレードの結果として得られるお金は、自分の知識とそれに基づく適正な行動の副産物にすぎない。トレードの視点をこれまでのお金儲けから、知るべきことを学ぶに切り替えたとすれば、トレードはまったく違う意味を持ってくる。すなわち、これまでは利益をもたらしたり自分の資金を奪ったりするのはマーケットであると考えていたが、視点を変えることによって、自分に利益をもたらすのは自分の能力であると考えるようになる。つまり、従来の考えではすべての責任主体はマーケットにあったが、これからはトレードの責任はすべて自分にあるということである。

そのときの相場の動きとは自分のレベルをそのまま反映したものである。われわれは一般にトレードの結果がうまくいかないときは、マーケットからの情報が悪いと考えるが、そうしないと自分の犯したトレードミスが心に苦痛をもたらすからである。われわれは本能的に心の苦痛を回避しようとするが、それによって将来同じような状況に直面したときに効果的に対処する方法を知るチャンスを逃してしまう。心の苦痛とトレードミスの恐怖心を克服するには、トレードミス（間違い）そのものに対する考え方を大きく変えなければならない。すなわち、すべての経験にはそれなりの意味と有効性があり、間違いというものは存在しないと考えるのである。

その典型例は取り逃がしたチャンスに対する考え方であろう。損失を認めないというケースは別として、利益のチャンスを取り逃がしたときほど心理的に大きなダメージを受けるときはない。あとで考えれば考えるほど、それは絶好のチャンスであり、うまく対処していれば大きな利益が得られた局面だった。その機会の喪失はなかなかあきらめきれず、実際に損失を出したときよりもストレスと不安は大きくなる。大きなチャンスを逃した打撃はそれほどまでに大きいが、大切なことは過ぎてしまったことは仕方がないと割り切ることである。こうした頭の切り替えがスムーズにできるようになれば、ぐずぐずと自分を責めるようなこともなく、次のチャンスに備えることができるだろう。相場はいつでも動いており、チャンスはまたやって来る。

間違いは存在しないという考えでトレードに臨めば、驚くほど大きな自由を感じるだろう。トレード結果とはそのときの自分という存在を反映したものであるということを受け入れると、自分の学ぶべきこともよく見えてくる。トレードミスを犯すかもしれないという信念からエネルギーを解き放つと、早とちりや遅すぎるトレードをすることもなくなるだろう。換言すれば、これまでよりも選択肢の範囲が広がって、静観することもときにベストの選択肢であるという心のゆとりもできてくる。

あなたがその資金を奪ってやろうと思うプロのトレーダーは、本書で述べてきたトレードの原則を十分に知って実行していることを忘れてはならない。彼らはマーケットを客観的に見ることの大切さ、恐怖心を持たないでトレードすること、トレードを適切に実行する方法などもよく分かっている。マーケットからお金を奪い取ろうとする前に、こうしたプロのスキルを学ぶべきだ。私はあなたが投資資金の一部をトレードの授業料として取っておくことをお勧めする。その金額はどれくらいのスキルを習得したいのかによって決まるが、大切なことはトレーダーとしての自分をしっかり教育するという固い決意を持つことである。数年間にわたるトレードでそれなりの利益を上げてきたとしても、自分が望むほどに成功していなければ、それはまだスキルが未熟な証拠である。トレーディングスキルを向上しようという決意が固いほど、それに見合った成果が付いてくる。

ステップ2——損失への対処法

トレーディングルール1

すべてのトレードに損失は付き物であると思うことである。あなたがマーケットをどのように見ようとも、少なくともあなたが想定するタイムフレームのなかで必ず利益になるとは限らない。しかし、損失に対する考え方を大きく変えれば、たとえ損切りを強いられたとしても心の苦痛を味わうことはないだろう。多くのトレーダーはそれまでに儲けた大きな利益を吐き出したあとで、損失に対する考え方を大きく変えるものである。つまり、彼らは損失に対する最悪の恐怖を経験したあとで、すべきことをしていれば何も恐れることはないということを理解する。それならば、すべきこととは何なのか。それはトレードミスの可能性と正面から向き合い、損切りが避けられないときもあることを認めることである。損切りの可能性を受け入れることはトレーディングスキルのひとつであり、多くのトレーダーにとってそれは苦い経験の末に学ぶスキルである。

しかし、それほど大きな苦しみを味わうことなくこのスキルを身につける方法もある。そのひとつは、なぜ損切りの可能性を受け入れるべきかを理解することである。損切りが避けられないときもあることを理解しないと、トレードするのが恐ろしく、その結果避けたいと思う経験そのものを心のなかに創造するからである。この問題をクリアしないかぎり、損失は何としても避けるべきだというこれまでの古い考えから脱却できないだろう。損切りの苦痛を克服するもうひとつの方法は、損失の定義を変えることである。第14章の心の練習のところで言及したように、「損失を出しても人間としての価値が損なわれることはない」と考えるのである。損失に対する考え方をこのように変えれば、損切りを受け入れることもそれほど苦痛ではなくなるだろう。損切りをトレード戦略のひとつとして受け入れることによって、次のチャンスを待つという心のゆとりもできてくる。

トレーディングルール2

損切りが避けられないときは早めに実行する。これを迷うことなく実行できるようになると、ぐずぐずと迷い考えることもなくなり、最終的に大きな損失を出すこともなくなるだろう。一方、いろいろと迷いながら損切りをためらっているときに相場が戻ることもあるが、そうした状況はあとで致命的な損失をもたらすことになる。損失が膨らんでいけば、それが心の苦痛を増幅するという悪循環に陥り、この恐怖の連鎖を止めるのは容易なことではない。トレードミスが続けば来るチャンスをとらえることもできず、勝てるトレードも取り逃がしてしまう。そうした自分に腹が立つと、今度は怪しげな裏情報に飛びついてさらに損失が膨らむという結果になるだろう。

自分を信頼して含み損をカットしたときは、そのことをぐずぐずと考えて自分を責めてはならない。自分を信頼して客観的な対応ができるトレーダーは、相場の値動きと自ら設定したタイムスパン、ほかのトレーダーの行動などを包括的に判断して損切りを実行したのである。彼らがマーケットの性質を理解できるようになったのは、自分を信頼することによって、歪曲化されない情報に目が向くようになったからである。これまでに何回も繰り返したように、新しい知識の習得を妨げる大きな元凶は恐怖心である。自分の行動に恐怖心を抱いているかぎり、マーケットの行動の性質を理解することはできない。早めの損切りを実行すれば、利益のチャンスはまたやってくる。

ステップ3――ひとつのパターンのエキスパートになる

一般にある決断をするときに多くの情報があれば、ベターな結果になると考えられているが、ことトレードに関しては必ずしもそうではない（特に初心者にとっては）。トレーダーのなかにはどのような局面でも買いか、売りしかやらない人がいる。彼らにとってはそれなりの理由と考えがあるのであろうが、こうした状況が相場に対する相反する解釈と情報を引き起こしている。マーケットには相反する情報があふれているので、とりわけトレードの初心者は自分が注目する情報を絞っていく必要がある。情報は多ければ良いというものではなく、多くの情報に振り回されると最終的には負けトレードになるだろう。トレードに初めて臨むときは取り入れる情報を絞り、徐々にその範囲を広げていくべきである。望ましいのは頻繁に繰り返される特定のパターンのエキスパートになることである。そのためにはそうしたパターンの出現を知らせてくれる単純なトレーディングシステム（数学的な原理に基づくシステムよりは、メカニカルなシステムのほうがよい）を入手し、マーケットの行動をビジュアルにとらえることである。大切なことは、そのトレーディングシステムの性質と利益につながるシグナルを完全に理解することであり、それができるようになるまではその他の情報はすべてシャットアウトしたほうがよい。

相場には無限ともいえる多様なパターンがあるが、極端に言うと最初はそのなかのひとつのパターンだけに注目する。それをマスターするたびにトレードするパターンを広げていけば、心理的にはかなり負担が小さいだろう。まず第一に、マーケットの次の行動が読めるようになると大きな自信がつく。マーケットの無限とも思える行動に圧倒されていては、トレードに自信を持つこともできない。次によく分からないパターンをトレード対象から外すことによって、いつでもトレードしなければならないという気持ちから自分を解放することができる。そうした焦燥感は恐怖心によってもたらされるが、それは結果的に大きなトレードミスにつながる。

もしも自分のトレード原則に合わないチャンスは切り捨てるという考えに迷いが生じたら、どうしてそんなに焦っているのかと自問すべきである。成功するトレーダーになるという自分の能力に自信を持っていれば、いわば訓練目的のトレードチャンスを見逃すことに何の迷いがあるのだろうか。今の目的は心理的なダメージを最小限に抑えることによって、トレーディングスキルを磨くことにある。そうしたスキルを習得できれば、トレードを始めたときに夢見たように、マーケットからは続々とお金がもたらされるだろう。

一方、トレードによって大きなダメージを被ったときは、利益の蓄積ということを考える前に、まずはそのダメージから回復することを心掛けるべきである。そうしたダメージを克服すれば、マーケットに対する理解と利益のチャンスをとらえる能力がついてくる。最終的にマーケットアナリストになったトレーダーは少なくないが、彼らはトレードを始めたころに大きなダメージを受けたので、トレーダーとして利益を上げることがほとんどできなかった。彼らはマーケットの行動を正確に予想することはできるが、苦い過去の恐怖心をいまだに引きずっているので、トレードを適切に実行することができない。マーケットで次に何が起こるのかが分かっているのに、何もできないことほど悔しいものはないだろう。

チャンスをとらえる能力とトレードを実行する能力は、まったく別のものであることを理解することである。トレードの実行を妨げる心のバリアがなければ、この二つの能力は一致するはずである。チャンスをとらえ、それを適切に実行するには、心のサポートが必要である。トレードの適切な実行を妨げる心のバリアがあるかぎり、この問題が解決することはない。特定パターンのエキスパートになることができれば、多くのチャンスをとらえるというスキルを習得したと言えるだろう。すでに相応のトレード経験を積んでもまだ思うような成果が出ないときは、いくつかのパターンだけに特化してトレードすることをお勧めする。マーケットの行動がまだよく分からないうちは、くれぐれもトレードする機会を増やさないように。

ステップ４――トレーディングシステムを使いこなす

トレードの適切な実行は成功するトレーダーになる基本条件のひとつであるが、おそらくこれは最も難しいことのひとつであろう。それに比べると、チャンスをとらえること自体はそれほど難しくはない。しかし、トレーディングシステムのシグナルに従ってトレードすることの難しさにはそれなりの理由がある。それにはトレーディングシステム（売りや買いのチャンスを知らせてくれるシステムと定義する）の性質とトレーダーの行動との関係を理解しなければならない。

優れたトレーディングシステム（テクニカル系やその他のものを問わず）とは、長期にわたりコンスタントに利益をもたらしてくれるシステムである。すでに数年前から一般トレーダーもそうしたシステムを入手できるようになったが、トレーディングシステムによってできることと実際の結果にはまだ大きなギャップがある。トレーディングシステムの大きな問題点は、ほぼ無限にも上るマーケットの行動を一定の限られたパターンだけに限定し、トレーダーに対して数学的、またはメカニカルな確率に基づく売買シグナルを提示することである。しかし、過去に現れたそうしたパターンが将来にも同じように繰り返されるという保証はなく、そのパターンが実際に再現するまでその有効性を確かめることはできない。トレーダーが過去の確率に基づくチャンスを実際にトレードすることの難しさがここにある。

多くのトレーダーは自分をリスクテイカーだと思っているが、実際にはそのパターンの結果に少しでも不確実性があれば、確実な結果を求めるものである。負けるだろうと思ってトレードする人はだれもいないが、どのようなトレーディングシステムにも多少のダマシは付き物である。そしてどのパターンのシグナルが損失になるのかを前もって知ることはできない。こうした理由からトレーディングシステムの逆をつこうというトレーダーもいるが、そうしたトレードはかなりストレスがたまる。トレーディングシステムのシグナルがトレーダーの論理や考えと完全に相反することもあるからだ。例えば、トレーディングシステムがトレーダーの論理と相反するシグナルを出したが、それは結果的に正しかったり、その逆のケースもよく見られる。トレーディングシステムは何もその逆をついたり、または正しそうに見える単発的なシグナルを出すために開発されたわけではない。そうしたシステムの目的は、過去に出現したパターンを数学的に定義付け・数量化・分類し、将来に出現する統計的な確率を知らせることにある。

トレードに比べて、統計的な確率がまったくランダムなギャンブルではリスクの計測がかなり簡単である。ギャンブルにお金を賭けるとき、その結果を予測する合理的な方法は何もない。したがってギャンブルのプレーヤーはその結果に対して何の責任も負わない。一方、その結果がランダムではないトレードの場合、将来の値動きや利益のチャンス、損益の結果などは、相場の将来について自らの信念に基づいて行動するトレーダーたちによって決定される。つまり、自分の信念に従って行動するトレーダーが将来の結果を作っているとも言える。その意味ではトレーダーの行動はけっしてランダムではない。トレードではその結果に対して責任を負う必要があるが、完全にランダムなギャンブルにはこうした責任はない。責任が重くなればなるほど自尊心を傷つけられることも多く、これがトレードの実行を難しくしている。

多くの情報を参考にするトレードでは、そうした情報がトレーダーの将来に対する期待を形成するが、トレーディングシステムではこうしたことはまったくない。その結果、トレーダーが考える将来の相場と、純粋にメカニカルなトレーディングシステムの予測には大きなギャップが生じる。これがトレーディングシステムによるトレードを難しくしている大きな理由である。われわれは確率的に考える、つまり数学的な確率に基づいて将来を予測するという考え方は教えられてこなかった。しかし、トレーディングシステムによってトレードするときは、こうした考え方を心の枠組みに取り込む必要がある。しかし不幸なことに、これを学ぶにはトレーディングシステムに基づいて実際にトレードするしか方法がないことである。しかも一般トレーダーがこうしたシステム売買で二～三回連続して損失を出すことはそれほど珍しいことではない（ほとんどのトレーディングシステムにこうしたダマシは付き物である）。心の枠組みに確率的に考えるという考え方が定着しないうちに、トレーディングシステムが信じられなくなったらどうすればよいのか。そうしたときこそ、トレーディングシステムによるスムーズなトレードができるように、心のあり方に自己規律が求められる。

練習

仕掛けと手仕舞いのポイントがはっきり分かる単純なトレーディングシステムを使って、トレード授業料として取って置いた資金でトレードしてみよう。大切なことは、トレーディングルールをしっかりと順守してトレードすることである。自分自身にけっしていい加減な態度を取らず、固い決意でトレードに臨むこと。この練習の目的は、トレーディングルールを順守するときに足を引っ張る心の抵抗を克服することにある。トレーディングシステムは高価なものである必要はなく、テクニカル分析関連の書籍に紹介されているごく普通のもので十分である。自分で考案したシステムよりは市販されているもののほうがよい。この練習の目的にとってそのほうが簡単であるからだ。自分で開発したシステムを使うと、どうしても金儲けのほうに目が向いてしまう。それはトレードを適切に実行できるようになってからでもけっして遅くはない。

自分のリスク許容度に見合ったシステムを使うのも大切である。トレード一回当たりのリスク資金は、少なくとも当初は完全に許容できる範囲にとどめるべきだ。その範囲を超えた資金でトレードすると、損失が膨らんでこの練習そのものが中断する恐れがある。トレードに苦痛を感じるようなときは、マーケットのすべての情報ではなく、そうした苦痛を緩和してくれるような情報に目を向けてみよう。何らかの貴重な教訓が得られるはずだ。

この練習の目的は以下のとおりである。

●自分で決めたルールをきちんと守って完璧にトレードを実行できるスキルを習得する（「トレードの完璧な実行」とは、損切りを含むトレードチャンスを見つけたときに速やかにトレードを実行することを言う）

●適切にトレードを実行していけば、長期的には利益となることを信じて、そうした信念を心のシステムに植え付ける

しかし、こうした完璧なトレードの実行を妨げる多くの信念に直面することは確かである。こうした抵抗に打ち勝つには次のことを考えて実行しよう。まず最初に、この練習は多くの人々にとってはそれほど簡単ではないので、トレードミスをしても許容するように心掛ける。そうすればまたチャレンジする気持ちがわいてくる。自分の子供が自転車乗りを練習しているとき、あなたは転んだ子供をしかり、「もうやるな」と言うだろうか。子供を励ましてやれば、最後には自転車乗りをマスターするだろう。これと同じ理解と配慮が必要である。

次にトレーディングシステムが出すシグナルは、数学的、またはメカニカルな確率に対する自分の信念を形成するうえで、直接経験するトレードチャンスであることを理解する。心の抵抗があってもトレーディングシステムのシグナルに従ってトレードするように努力すれば、や

がてはそのやり方が心の枠組みに刻み込まれるだろう。そうした習慣が確立すれば、もはや心の葛藤はなくなる。そうなればパフォーマンスをさらに向上するためにベストを尽くすだけである。自分のしていることは単にトレードに臨むときの自己規律を習得し、トレードを完璧に実行するという練習だけにとどまらないことを念頭に置くべきだ。そうした心掛けは長期的には、お金儲けという目先の目的を実現することよりもはるかに大切である。したがって最初は少ない資金でトレードを始め、自分がすべきことを迷いなくできるほど完全に自分を信頼できるようになってから資金を増やしていけばよい。

こうしたトレードのやり方が第二の天性になったと思われるほど完全にマスターできるまで、この練習を続けること。トレードの回数を重ねて自信がついてくると、さらに練習に身が入り、トレーダーとして利益を上げる方法も分かってくる。利益が積み上がっていけば、さらに自信もつくという好循環になる。こうした展開はそれとは逆の悪循環が絶望感だけを深めるように、自分も成功できるという自信をさらに強めるだろう。

ステップ５――確率的な考え方を学ぶ

基本的なスキル（外部の世界と効果的に交流するための自己規律の向上も含む）をマスターしたら、次は推理能力と直観力を使ってマーケットの次の行動を予測してみよう。それには確率的な考え方を学ぶ必要がある。具体的には、もしもあなたが個人的にマーケットを動かすだけの力がなければ、そうした力を持つトレーダーのグループを見つけ、彼らと行動を共にする。または、そのときにマーケットで支配的になっている考え方を察知し、それが相場の値動きにどのような影響を及ぼすのかを予想する。こうしたスタンスには、マーケットが語りかけてくることに率直に耳を傾けるという客観的な視点が求められる。

マーケットでは二人のトレーダーがある価格で合意すればトレードが成立することについては前に言及したが、マーケットではトレーダーがどのような目的を持っていても、価格で折り合いがつけばその目的は実行される。例えば、あなたが「この安値はこれまでブレイクされたことがないので、今回も割り込むことはないだろう」と思ってそこで買いを入れたとする。しかし、別のトレーダーがそれよりも安い売り注文を出せば、あなたの判断は間違っていたことになる。マーケットのすることはいつでも正しい。もしもあなたが新安値を更新したときにチャンス到来と考えて売り注文を出したところ、別のトレーダーがさらに売ってくれれば利益を手にすることができる。

価格が最安値を割り込むというのは、そこからさらに下げると思うトレーダーが数多くいるということである。そうした信念を持って行動する売り方の勢力が買い方を圧倒していれば相場は下げる。売り方の行動を正当化する基準がどのようなものであろうとも（ほかの人の目から見て、その基準がどれほど非合理的に思われても）、相場が下げていくという現実を変えるものは何もない。相場を反転させるほどの力を持つ勢力が現れないかぎり、あなたがいくらそんなことはあり得ないと思っても、そんなことは何の意味もない。

相場の流れに乗るには、次のような質問について考えるのが効果的であろう。


一．今のマーケットは私に何を語りかけているのか。

二．だれが仕掛け、だれが手仕舞っているのか。

三．買い方と売り方の勢力はどれくらいか。

四．モメンタムはどちらの方向に向かっているのか。

五．それは何と比較してそう思うのか。

六．どのような状況下でモメンタムが変化するのか。

七．トレンドは下降に転じたのか、それともこれは通常の押しなのか。

八．なぜそう言えるのか（対称的なパターンが崩れるとき、それは勢力のバランスが変化していることを示唆している）。

九．ある勢力が別の勢力より優位に立つのはどこか。その地点に来たとき、それまで優位にあった勢力が敗者になったと確信できるのか。彼らがポジションを手仕舞うまでにどれくらいの時間がかかるのか。

一〇．もしも彼らがポジションを閉じないとすれば、それはなぜか。

一一．トレーダーたちは過去と比べた今のパターンをどのように思っているのか（人間は深く失望しないかぎり、自分の信念を容易に変えようとはしない。人間が失望するのは、自分の期待が裏切られたときである）。

一二．支配勢力を失望させるのは何か。

一三．それが起こる確率はどれくらいあるのか。

一四．トレードにおけるリスクとは何か。

一五．リスクをとるに値する値動きはあるのか。


トレーダーが実際にしていることは分からないが、特定の状況下でトレーダーがどのように行動するのかは予測できる。例えば、価格が以前の安値を割り込んだら、何が起こるのだろうか。その新安値の水準では買い方はポジションを手仕舞うのか、それともホールドし続けるのか。新規の売りが出るのか、または従来の売り方は増し玉するのか。その水準は相対的に安いと考えるトレーダーが増えれば下げ止まるが、そのときは以前の高値・安値が参考地点になるだろう。

以前の高値や安値やその他の基準値の重要さが分からないのであれば、そのリスクを明らかにするために自問自答する必要がある。相場の流れが自分のトレードの方向と一致していないことが明らかになるまでに、市場にどれくらいの余裕期間を与えなければならないだろうか。

自分に問い掛けてみてほしい。

「このトレードが有効であるために、あるいは有効であり続けるためには、どのポイントまでならホールドし続けてよいのか。そのポイント内で取引されているなら、そのトレードはまだ有効な可能性がある。もしそのポイントを超えると、もうそのポジションは有効ではない」

――ポーラ・ウエッブ

そうした参考地点が見当たらないときは、この水準でリスクをとるのが賢明なのかどうかを考える。つまり、相場の流れが反転するまで、さらにどれくらい下げ続けるのかを予想する。予想するその下げ幅とは、損失に対する自分のリスク許容度を反映したものである。そうでなければ、どこまで下げるのかといくら予想を繰り返しても、実際に仕掛けることはできないだろう。相場の流れを見ながら、チャンスと判断する自分の基準を当てはめてみる。重要な参考地点があれば、その上限・下限のどちらかに注文を出して相場の推移を見る。これまでの状況から判断して最も確率の高い方向のところに注文を出してみる。そうすればいろいろと思い悩んだり、価格の変動で気持ちが揺れ動くことにも影響されないだろう。

相場は常に動いているので、絶えず利益と損失の可能性について評価しなければならない。そのときはポジションを取っていないという視点でマーケットを観察するのが効果的である。

そうすれば迷ったり希望的観測に影響されないで、そのときの状況に適した行動がとれるようになるだろう。

「あなたの行動の正しさを決めるのはマーケットではなく、あなた自身である。仕掛ける、手仕舞いする、ドテンするチャンスが来ても適切にトレードを実行できなかったり、躊躇して行動に移すことができないというのは、あなたの心に問題がある証拠である。このことをメモしておくことで、あなたの心の正確な状態を知ることができる。この情報は、勝つためのメンタルスキルを身につけるだけでなく、そのスキルを成長させ、将来にわたってそれを維持するための基準として使用することができる」――ポーラ・ウエッブ

仕掛けるときは自分自身に、（自分のタイムフレームに応じて）五分後、または明日になってもこのポジションは有効だろうかと自問してみよう。どうもそうではなさそうだと思えるときは、しばらく待って別の水準に注文を入れ直す。こうした自問はマーケットではどのようなことでも起きるということを忘れないようにするためである。どのようなことというのは、考えもしなかったこと、まったく気づかないこと、予備知識が何もないこと――などである（例えば、大きな勢力が突然参入してきて、それまでのトレンドがひっくり返ったなど）。相場は大きな勢力の方向に流れる（これを逆に言うと、相場はそれまで支配的だった勢力の抵抗が弱

まったときに逆転する）。重要な参考地点とはそうした二つの勢力のパワーのバランスが均衡、または変化するところである。こうしたことを知っていれば、各勢力が自らの信念に基づいてどんな行動をとるのかを予想することができるだろう。

相場の動きとはその商品の将来価値に対する（個別および集団としての）トレーダーの信念を映したもので、最も数の多いトレーダーの最も強い信念が相場の方向を決定する。したがってそうした方向には黙ってついていくべきだ。相場の方向を見極めるには大衆とは一線を画し、その商品の相対価値に対する自分の信念に基づいた行動を一時的に見合わせてみよう。そうすればマーケットを支配している勢力とそのパワー、ほかのトレーダーの行動なども見えてくる。そしてマーケットの動きや将来の可能性などに目を向けているかと自問してみよう。もしも起こる可能性がないことに目を奪われていれば、それは客観的な視点を妨げる心のバリアがある証拠である。古い信念にとらわれてマーケットの行動を先入観を持って眺めれば、マーケットからの情報を歪曲化したり、不利な情報を回避するようになり、その結果、苦痛を伴った強制的な自覚を余儀なくされる。

ステップ６――客観的な見方を学ぶ

客観的な見方を学ぶには、マーケットはこのようになるはずだといったような先入観を持たず、マーケットではどのようなことも起きるというように考えなければならない。そうすれば、何が起こっても恐れることはないし、マーケットからの情報を回避したり歪曲化することもなくなる。マーケットの行動を色眼鏡で見るというのは、どのような状況下でも適切に行動できるという自信と自己信頼が欠けている証拠である。そうしたトレーダーは相場が自分の信念の範囲を超えて大きく動くようなとき、恐怖やストレス、不安感などにとらわれる。もっとも、相場の将来については何らかの期待や信念を持つべきだ。そうでないと仕掛けることができないだろう。マーケットに対して客観的であれというのは、「強い願望による期待感」でマーケットを見るのではなく、「いろいろな可能性を中立的に評価する」という意味である。

「言い換えると、トレード中は常に客観的で中立的な精神状態を保つということである」――ポーラ・ウエッブ

外部の世界（マーケット）と効果的に交流するには、一定のルールを順守しなければならない。しかし、そうしたルールを苦い経験によって学習した人は、外部の世界から何らかの結果を要求するようになる。将来に対する期待感とは、外部の世界を自分の期待どおりに変えようとする要求である。われわれは生まれつき自分の期待を取り下げることに大きな抵抗を感じるので、相場の世界にもこうした要求を持ち込んでしまう。したがってこうした傾向に気づいたら、マーケットは自分の期待どおりにならないと再度自分に言い聞かせるべきだ。そうすれば、相場が自分の思うような方向に向かわなくても腹が立つことはない。あなたはマーケットに腹が立つだろうか。腹が立つというのは外部の世界がわれわれを攻撃し、心の世界と外部の世界の間にアンバランスが生じている証拠である。外部の世界はわれわれに受け入れたくないようなことを突き付けてくる。こうした攻撃からわが身を守るための手段が怒りである。日常生活でも欲しい物が手に入らなかったり、外部の世界が嫌なことを突き付けてきたとき、われわれは大きな怒りを感じる。

もしも強い願望を持ってマーケットと向き合えば、相場の動きを客観的に評価できるような情報を自ら遮断することになるだろう。われわれはマーケットを自分の思うようにコントロールすることはできず、かといって自分の期待も取り下げたくないとすれば、マーケットからの情報を歪曲化・合理化・正当化しないかぎり、どうしようもないジレンマに陥ってしまうだろう。外部世界の情報を歪曲化することは、少なくとも一時的には自分の期待とマーケットが提供することとのアンバランスを是正することにはなる。

将来に対するわれわれの強い期待感はマーケット情報を認識するときに大きなフォースとして、心のなかの信念と合致しないものを回避するように心のシステムに作用する。しかし、起こりそうもないことだけに目を向けていると、起こりそうなことには気づかず、その結果はやはり苦痛を伴った強制的な自覚ということになる。客観的な視点とは「いろいろな可能性を中立的に評価する」こと、これを逆に言えば、特定の情報にあまり思い入れをしないことである。そのためには次に何が起こるのかを考えながら、今のマーケットの動きを観察することである。客観的な視点を持つには、次のような条件をクリアする必要がある。

●行動するときにプレッシャーを感じない
●恐怖心を持たない
●拒絶心を持たない
●マーケットには正しい・間違っているということはないということを自覚する
●自分の行動ではなく、マーケットの声に耳を傾ける
●ポジションを取っているときでも、ポジションを持たない視点でマーケットを観察する
●目を向けるのはお金ではなく、マーケットの行動である

客観的になるというのは、できるだけ多くの可能性とその結果を予想することである。そしてそれぞれのシナリオに基づいて起こりそうなことを予測するが、そうした予測が外れたときは迷わずにポジションを手仕舞う。いつでも正しくあろうとは考えないように。マーケットに対する評価が中立的であるほど、その情報を歪曲化することもなくなり、苦痛を伴う強制的な自覚を強いられることもないだろう。

ステップ7――自分を監視する方法を学ぶ

第14章で言及した自己規律を養う方法のひとつは、自分の考えとマーケット情報のバランスを取ることである。

トレーディングルール

あなたはトレードするときに「こうなるはずだ」と思っていないだろうか。だれでも相場が自分の望む方向に進んでほしいと思っているが、大切なことは自分の感情（思い込みの程度）を監視することである。マーケットで実際に起こっていることと「こうなるはずだ」という思いには大きな落差がある。もしも思い込みが強くなってきたなと感じたら、何が起きても大丈夫と自分に言い聞かせるべきだ。どのような状況にも適切に対応できる自信があれば、文字どおり何が起きても大丈夫である。一方、自分の考えを正当化するためにマーケットの行動を合理的に解釈しているようであれば、それは幻想を抱いている証拠であり、遅かれ早かれ苦痛を伴う強制的な自覚が避けられないだろう。マーケットではどのようなことでも起きるので（もちろん、利益をすべて奪い取られてしまうこともある）、勝ちトレードにあるときはマーケットからできるだけ多くの利益を引き出すように努力する。

「今日は自分のほうにお金が来ているのかと自問してみよう。この問いにはっきり『イエス』と答えられないときは、トレードする前にその理由を考えてみよう」

——ポーラ・ウエッブ

それでもその答えが分からないときは、分かるまでトレードを控えたほうがよい。それでもトレードしたいときは、少なくとも株数（または建玉数）をかなり少なくする。またマーケットの行動よりも金銭面だけに目が向くようであれば、特定のマーケット情報を回避したり歪曲化するようになるので、こうしたときもマーケットを客観的に見れるようになるまでトレードを休んだほうがよい。

第17章 最後に

本書で説明してきたトレーディングスキルをすべて習得したとしても、トレードの結果とは結局のところ、自分をどれくらい信頼しているのかを反映したものにすぎないということが分かるだけだろう。自分を信頼してベストの行動ができるかどうかは、どれくらい自分を評価しているかと同義である。

あなたがマーケットから得る利益とは、自らの価値観に基づいて自分が信じているものとほぼ一致する。自己評価が高いほど、その前向きな姿勢の副産物として、より多くのお金が取引口座に流れ込み、資産の成長がもたらされる。あなたがトレーダーとしてできるだけ多くの利益を手にするには、あなたの心のなかの自己評価を下げるような信念を変えたり、そのエネルギーを抜き取らなければならない。では、何が実際に可能なのだろうかと、尋ねたくなるかもしれない。その答えは、あなたの欲しいものは何でも手に入れることができるということだ。

そして、その新しい信念は、あなたの経済的な目標を達成するために、より高い思考プロセスへとあなた自身を導き、あなたのなかに自然に広がっていくだろう。

訳者あとがき

本書は筆者のトレードによる「倒産体験」がベースとなっている。損害保険業で成功していた筆者は相場の世界でも成功できると考え、CME（シカゴ・マーカンタイル取引所）のある当地に乗り込んだが、わずか九カ月もしないうちにほぼ全財産を失ってしまった。この苦い体験を契機とした自己省察が本書を生み出す原動力となった。

筆者は言う、①相場の世界はわれわれが生活している一般社会とはまったく違うので、まず最初にこの現実をよく理解すべきだ、②しかし、この世界には一般社会に存在するいろいろな制約は何もないので、自由に自分の望む結果を出すことができる、③こうした無限のチャンスを提供しているマーケットとは投資家の心のあり方を一〇〇％反映したものである（投資家は自分の心のなかでマーケットを創造している）、④損失を出すまいとする恐怖心が逆に損失を引き寄せる、⑤トレードミスを犯してもそれによって人間としての自分の価値が損なわれることはない。そこから何か有益なものが学べるならば、それは失敗ではない。

それにしても、われわれの心のなかを掘り下げていくと何と似通った世界にたどり着くのだろうか。「偶然や事故というものはありません。すべてのことが法則に従って起こります。心の状態が外的状態として現れるのです」「あなたは富を得るのではない。発見するのです。富と成功はあなたの内にあり、あなたに発見されるのを待っています」「潜在意識の最大の敵は恐怖心です」。これらは精神法則に関する世界最高の講演者のひとりであるジョセフ・マーフィー博士の言葉である。

ノーベル文学賞を受賞したイギリスの哲学者バートランド・ラッセルは、近代の最も重要な出来事として次の四つを挙げている。①アインシュタインによる相対性理論の確立、②ダーウィンによる進化論の確立、③レーニンによる共産主義国家の建設、そして④フロイトによる潜在意識の証明。①～③についてはだれでも知っているが、④について知っている人はかなり少ないだろう。そしてそれ以上に重要なことは、①～③は人間の外的なことに関するものであるが、④はわれわれ人間の心に関するものだということである。潜在意識とはわれわれの意識全体を氷山にたとえるとその海面下に隠れている部分であり、本人もはっきりと自覚することはできないが、われわれの人生はこの潜在意識の使い方によって大きく左右されるという（『眠りながら成功する』など、マーフィー博士の一連の著書）。

マーフィー博士は人生で成功するための潜在意識の正しい使い方について説き続けたが、本書で延々と述べられているのもトレードに臨むときの正しい心のあり方である。こうした事実を踏まえると、人生とトレードのどちらで成功するためにもその人の心のあり方を抜きにしては何も語れない。これを逆に言えば、投資家の心のあり方を語っていない投資本は、マーケットのことをいくら詳述していてもあまり実践的ではないということである。投資で成功したいと思うなら、まずは自分の心に目を向けろ、これがトレードによる倒産経験を乗り越えた筆者からの貴重なアドバイスである。

アメリカでロングセラーになっている本書の邦訳出版を決断された後藤康徳（パンローリング）、編集・校正でお世話になった阿部達郎（ＦＧＩ）の両氏には心よりお礼を申し上げます。

二〇〇六年一二月

関本博英

■著者紹介

マーク・ダグラス（Mark Douglas）

シカゴのトレーダー育成機関であるトレーディング・ビヘイビアー・ダイナミクス社の社長を務めた。商品取引ブローカーでもあったダグラスは、自らの苦いトレード経験と多数のトレーダーの間接的な経験を踏まえて、トレードで成功できない原因とその克服策を提示している。生前は、大手商品取引会社やブローカー向けに本書で分析されたテーマやトレード手法に関するセミナーや勉強会を数多く主催していた。著書に『ゾーン――「勝つ」相場心理学入門』『ゾーン　最終章』（パンローリング）、DVD『「ゾーン」プロトレーダー思考養成講座』（パンローリング）がある。2015年に67歳で逝去。

ポーラ・T・ウエッブ（Paula T. Webb）

トレード心理の第一人者であり、投資トレーダー、ベストセラー作家、トレーディングコーチ。マーク・ダグラスのパートナーであり、ダグラスとともにトレード心理という分野を開拓した。彼女はこの分野での長年のリーダーとして世界的に有名であり、彼女が開発したパワー・トレーディング・マインドセットは多くのトレーダーから絶賛されている。著書に『ゾーン　最終章』（パンローリング）がある。https://paulatwebb.com/

■訳者紹介

関本博英（せきもと・ひろひで）

上智大学外国語学部英語学科を卒業。時事通信社・外国経済部を経て翻訳業に入る。国際労働機関（ILO）など国連関連の翻訳をはじめ、労働、経済、証券など多分野の翻訳に従事。訳書に、『賢明なる投資家【財務諸表編】』『証券分析』『究極のトレーディングガイド』『コーポレート・リストラクチャリングによる企業価値の創出』『プロの銘柄選択法を盗め！』『アナリストデータの裏を読め！』『マーケットのテクニカル百科　入門編・実践編』『市場間分析入門』『初心者がすぐに勝ち組になるテクナメンタル投資法』『バイ・アンド・ホールド時代の終焉』『わが子と考えるオンリーワン投資法』（いずれもパンローリング）など。

2025年３月３日　初版第１刷発行

ウィザードブックシリーズ㊱㊅→366

新装版 規律とトレーダー
――相場心理分析入門

著　者　マーク・ダグラス、ポーラ・T・ウエッブ
訳　者　関本博英
発行者　後藤康徳
発行所　パンローリング株式会社
〒160-0023　東京都新宿区西新宿 7-9-18　6階
TEL 03-5386-7391　FAX 03-5386-7393
http://www.panrolling.com/
E-mail　info@panrolling.com
編　集　エフ・ジー・アイ（Factory of Gnomic Three Monkeys Investment）
装　丁　パンローリング装丁室
組　版　パンローリング制作室
印刷・製本　株式会社シナノ

ISBN978-4-7759-7335-6